APRI GLI OCCHI AL CIELO
by Edwige Pezzulli, Maria C. Orofino, Raffaella Schneider, Rosa Valiante, Simona Gallerani, Tullia Sbarrato
© 2019 Mondadori Libri S.p.A., Milano
Illustrations by Alice Beniero
Poems by Silvia Vecchini

Korean Translation © 2023 BOOK21 Publishing Co., Ltd. All rights reserved.
The Korean language edition published by arrangement with Mondadori Libri S.p.A. through MOMO Agency, Seoul.

이 책의 한국어판 저작권은 모모 에이전시를 통해 Mondadori Libri S.p.A. 사와의 독점 계약으로 ㈜북이십일에 있습니다.
저작권법에 의해 한국 내에서 보호를 받는 저작물이므로 무단전재와 무단복제를 금합니다.

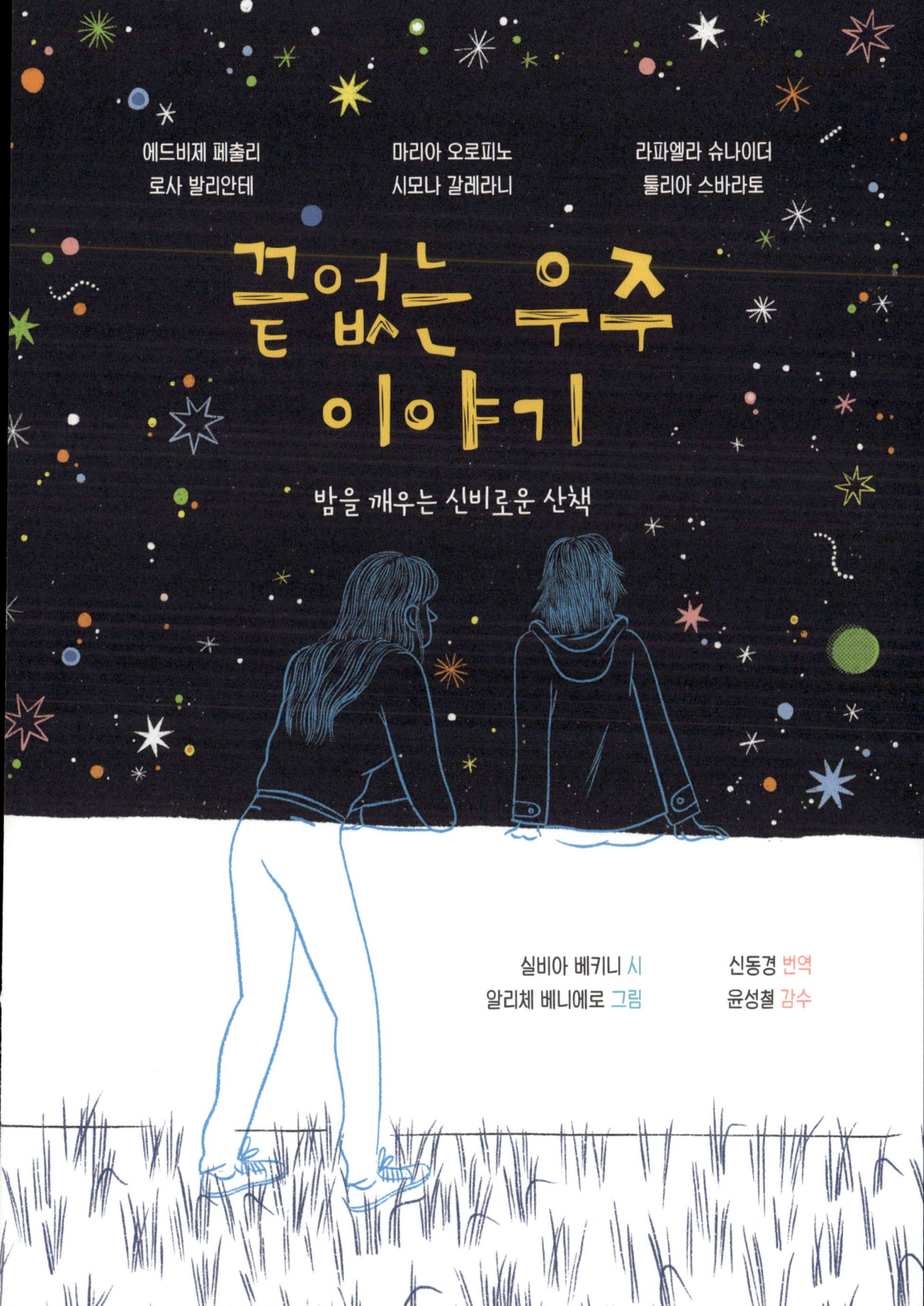

인생에 두려워할 것은 아무것도 없다.
모든 것은 이해의 대상일 뿐이다.

마리 퀴리로 알려진 마리아 스크워도프스카(1867~1934)

펼쳐질 이야기

첫 번째　　밤이 왔어, 일어나!　　　　　　　　　　　　　　　　　　　　8

　　　　　　모두가 잠든 사이, 우리는 담요를 들고 들판으로 나갈 거야. 거기서 별을 관찰하고, 손으로 별자리를 따라 그리며 별자리 이름을 익히고, 은하수를 바라보면서 감탄할 거야. 그러다 보면 너도 알게 될걸. 우리가 거대한 태양계, 은하, 우주의 한 부분이라는 걸.

두 번째　　빅뱅, 모든 것의 시작　　　　　　　　　　　　　　　　　　30

　　　　　　함께 답을 찾아 보자. 우주는 어떻게 생겨났을까? 우주는 어렸을 때 어떤 모습이었을까? 우주는 몇 살일까? 우리가 자라는 것처럼, 우주도 날마다 조금씩 커지고 있어. 빅뱅 때 발생한 빛은 늘어나는 공간을 따라서 지금도 퍼지고 있지.

세 번째　　우주와 빛　　　　　　　　　　　　　　　　　　　　　　54

　　　　　　빛은 정말 매혹적인 우주의 전령이야! 멀리 떨어져 있는 별빛을 보면 별의 먼 과거를 알 수 있거든. 밤하늘이 왜 어두운지, 우리 눈에는 모두 하얗게 보이는 별들이 실제로는 어떤 색깔인지도 배울 거야. 혹시 이것도 알고 있어? 우주를 연구하려면 여러 가지 '눈'으로 봐야 한대.

네 번째　　하늘을 수놓은 별　　　　　　　　　　　　　　　　　　　86

　　　　　　별을 관찰하는 건 아름다운 일이야. 우리가 별을 연구하는 건 별이 무엇으로 이루어져 있는지가 궁금해서지. 별이 어떻게 만들어지는지, 왜 빛나는지 그리고 별은 어떻게 죽는지 알려 줄게. 우리 몸을 이루는 물질이 별에서 왔다는 걸 알면, 네가 어떤 표정을 지을지 궁금해.

다섯 번째   **은하 저 너머로**   **114**

별과 행성이 모여 은하가 되고, 수많은 은하가 모여 우주를 이루지. 은하마다 모양과 색깔이 제각각이고, 때로는 은하들이 만나 새로 태어난다는 소식도 듣게 될 거야. 이 황홀한 별빛의 섬들을 연구하는 데 일생을 바친 사람들도 소개해 줄게.

여섯 번째   **중력의 왕, 블랙홀**   **138**

블랙홀이 뭔지 알아? 우리은하 중심에 블랙홀이 있다는 것도 알고 있었니? 네가 깜짝 놀랄 만한 사실을 알려 줄게. 블랙홀은 주변 공간에 변화를 일으켜! 게다가 블랙홀은 저마다 크기가 다르고 우리처럼 점점 자라기도 하지! 그런데 어두운 우주에서 까만 블랙홀을 어떻게 찾는 걸까? 다 방법이 있어. 그게 뭔지 궁금하지?

일곱 번째   **우리가 사는 태양계**   **156**

이번엔 다시 우리 고향 지구로 돌아가서 태양계를 탐험할 거야. 그곳에서 우리 별 태양과 행성들로 이루어진 회전목마를 타고 나면, 첫 우주여행과 달 여행을 떠나게 해 줄게. 그런 다음에는 국제 우주 정거장에 들러서 우주인들도 만나 보자!

여덟 번째   **외계 생명체를 찾아서**   **190**

지구가 아닌 다른 행성에도 생명체가 살까? 너도 궁금할 거야. 하지만 그 전에 먼저 생각해 봐야 할 것들이 있어. 도대체 생명체란 무엇일까? 생명체가 살 수 있는 행성은 어떤 곳일까? 외계인은 어떻게 생겼을 것 같아? 우리가 우주로 보낸 전파 메시지에 언젠가 저 멀리서 응답을 보내올까?

그리고
     용어 설명   212
     작가의 말   216
     우주에 대해서 더 알고 싶다면   221
     감수의 글   222

우리 집이
네 벽으로 막힌 곳이 아니고
마당이나 마을이 아니고
도시나 나라도 아니고
대륙도 아니고
심지어는 이 행성도 아니고
그보다 더 크다고 상상하면
얼마나 많은 것이 달라질까?

우리 집이
별빛이 흐르는 은하수,
한 바퀴 도는 데 2억 년이 걸리는
막대 나선 은하라고 상상한다면

은하에서는 우리 태양계가
바닷가의 모래알 하나만큼 작다는 걸
모두가 깨닫는다면

그 순간 우리는 한층 더
지혜로워질 거야.

첫 번째 이야기
밤이 왔어, 일어나!

드디어 출발이야.

언니랑 오래전에 약속했어. 모두가 잠든 밤에 우리끼리 산책을 가자고 말이야.

우리 언니는 천체 물리학을 공부해. 우주를 연구하는 과학이지. 오늘 밤에는 언니가 책을 내려놓고 하늘과 별에 대해 설명해 줄 거야. 어둠 속의 산책이라니, 정말 멋지지 않아?

하늘은 아주 오랜 시간 우리와 함께했지만, 그 속엔 아직도 베일에 싸여 있는 보물이 수없이 많대. 그 보물을 찾으려면, 딱 맞는 장소에서 딱 맞는 순간을 기다렸다가 모험을 시작해야 해. 우리는 바로 오늘처럼 구름 없이 맑은 밤을 기다려 왔어. 그리고 지금, 인공 불빛이 없는 장소를 찾아가고 있어.

언니는 손전등으로 길을 비춰 주었고, 나는 넘어지지 않게 언니 손을 꼭 잡았어. 언니는 캄캄한 땅 위에서는 내 발걸음을 이끌어 주고, 하늘에서는 내 눈길을 안내하는 가이드야. 별과 행성을 찾고, 우주의 역사 속으로 떠나는 산책을 도와줄 선생님이기도 해.

눈으로 우주를 관찰하는 건 시간을 뛰어넘는 일 같아. 순식간에 아주 먼 곳에 가거나 상상하기도 힘든 먼 과거로 떠날 수도 있으니까.

"우주에는 시간의 비밀과 모든 것이 시작된 순간이 새겨져 있어."

수천 가지 경이로운 사건과 발견이 하늘에서 우리를 기다리고 있을 거야. 끝없는 이야기가 펼쳐지겠지. 여러 민족이 남긴 전설과 특별한 발견을 한 사람들의 이야기도 포함해서 말이야.

우주를 더 잘 이해할 수 있게, 우주를 관찰하는 법도 배울 거야. 지도를 읽는 것과 비슷해. 빛이 자신의 궤적과 색깔을 뽐내며 우리에게 말을 건네는, 아주 거대한 지도 말이야.

"그런데 뭘 가져가야 해?"

출발하기 전에 내가 물었더니, 언니가 배낭을 주면서 뭘 챙겨야 하는지 알려 줬어.

"우선, 바닥에 깔 담요가 있어야 해. 별은 누워서 관찰하는 게 훨씬 편하니까. 그리고 나침반, 손전등, 쌍안경… 별자리 지도도 까먹으면 안 돼. 내 스마트폰에 이미 여러 가지 별자리 지도가 있기는 하지만. 밤이라 추울지도 모르니까 따뜻한 옷도 챙기고, 보온병에 뜨거운 차도 담아 가자. 참, 공책과 펜도 필요해!"

"그걸로 뭐 하게?"

내가 물었어.

언니는 하늘을 관찰하는 동안 틀림없이 여러 생각과 질문이 떠오를 거랬어. 그걸 잊기 전에 적어 둬야 한다는 거지.

우리는 적당한 장소를 찾아서 편안하게 눕고, 손전등을 껐어. 그러자 밤하늘이 더 깜깜해졌어. 그리고 바로 다음 순간, 하늘이 우리를 위해 환하게 불을 밝혀 줬어.

별을 관찰할 때 필요한 물건들

담요 · 나침반 · 추위를 막아 줄 장갑과 모자 · 뜨거운 차를 담은 보온병 · 손전등 · 공책과 펜 · 별자리 지도 · 쌍안경 · 스마트폰

하늘에 그린 그림

우리는 달이 뜨지 않은 하늘을 가만히 올려다봤어.

눈이 어둠에 익숙해지자 하나둘 별이 보이기 시작했지. 도시에서는 강한 인공 불빛이 별빛을 가려 잘 보이지 않지만, 이곳 하늘에는 셀 수 없을 만큼 많은 별이 떠 있었어.

곧 별들을 이어서 모양을 만드는 놀이가 시작됐어.

"저기 좀 봐, 버섯이야!"

"저건 내 이름의 첫 글자!"

"앗, 저쪽 별들은 이모 코를 닮았네!"

우리와 같은 놀이를 한 사람들이 또 있어. 바로 고대 그리스 사람들이지. 그들은 상상의 선으로 별들을 이어서 여러 형상을 만들었는데, 그게 바로 '별자리'야.

별자리를 알면 그걸 구성하는 별들을 한눈에 알아볼 수 있어. 지도를 보고 길, 도시, 산, 호수를 찾는 것처럼, 별자리 지도를 보면 별과 다른 천체들의 위치를 알 수 있는 거지.

국제 천문 연맹이 공식적으로 인정한 별자리는 88개야. 근데 그거 아니? 별들이 하나의 별자리를 이루고 있다고 해서 꼭 가까이 붙어 있는 건 아니야.

별을 관찰할 때 하늘 전체를 지구처럼 둥근 구로 나타내기도 해. 그걸 '천구'라고 하는데, 반으로 나누어서 천구의 북극이 있는 쪽을 '북반구', 천구의 남극이 있는 쪽을 '남반구'라고 불러.

❗ **국제 천문 연맹**은 전 세계 과학자들로 이루어진 단체야. 여기서 별, 행성, 소행성 같은 천체에 이름을 붙여.

❗ **불빛이 너무 많아!**

별을 잘 관찰하려면 구름이 없는 맑은 밤을 선택해야 해. 도시와는 멀리 떨어진 곳이 좋아. 도시의 인공 불빛은 별빛을 가려 버리거든. (그런 걸 광공해라고 해.) 또, 공기 중의 먼지와 습기는 빛을 반사해서 별을 흐려 보이게 하니까, 공기가 맑은 시골이나 산으로 가는 게 좋아. 그렇지만 그런 외딴곳이라도 밝은 보름달이 뜨면 별을 관찰하기 어려워. 그럼 언제가 좋을까? 바로 달이 없는 그믐날!

❗ **별자리**는 북반구 하늘에 28개, 천구의 적도 부근에 15개, 남반구 하늘에 45개가 있어.

➡ **달의 모양**이 어떻게 바뀌는지 당장 알고 싶다고? 그럼 176쪽을 펼쳐서 읽어 봐.

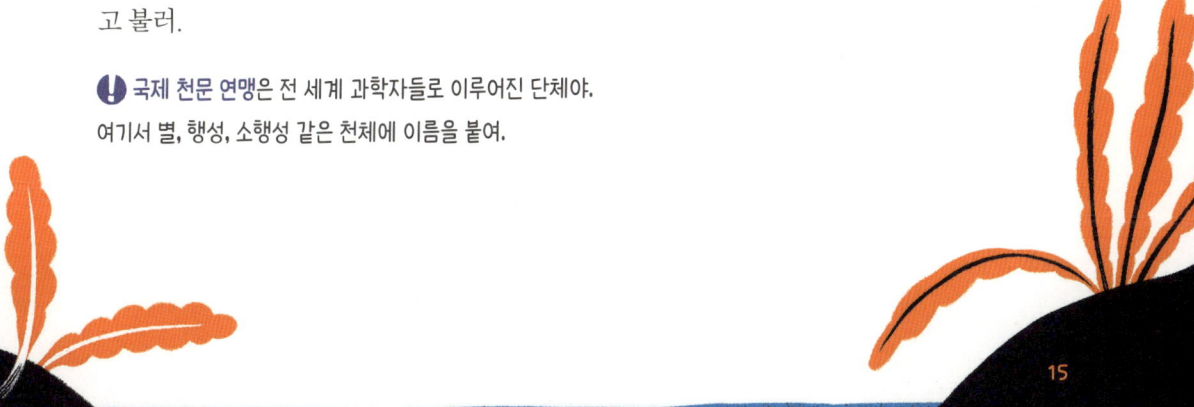

별자리 지도

별자리를 이루는 화려한 별 무리는 하늘에 고정되어 있는 게 아니야. 같은 별자리라도 관찰하는 장소가 달라지고 시간과 계절이 바뀌면, 천구의 다른 곳에 나타나는 법이지.

네가 한국에서 보는 별자리는 호주에 사는 사람이 보는 별자리와 달라. 만약 네가 적도 부근에 산다면, 운 좋게도 거의 모든 별자리를 볼 수 있을 거야.

 이 지도에서는 모든 **별**을 하얗게 나타냈지만, 실제 별의 색깔은 가지각색이야. 별의 색깔은 온도에 따라서 어둡거나 밝은 파란색, 흰색, 노란색, 주황색, 붉은색 등으로 달라져. 더 알고 싶다면 88쪽으로.

북반구 하늘
겨울

황도
태양이 한 해 동안 하늘을 지나는 길을 나타내는 가상의 선이야.

하룻밤 사이에 별자리들은 동쪽에서 서쪽으로 이동해. 사실은 지구가 하루에 한 바퀴씩 자전하기 때문에 우리가 볼 수 있는 천구의 부분이 계속 바뀌어서, 별자리가 이동하는 것처럼 '보이는' 거지만.

물론 별자리가 하룻밤 동안에만 바뀌는 건 아니야. 계절에 따라서도 하늘에 나타나는 별자리가 조금씩 바뀌거든.

❗ 북쪽 하늘에는 아주 특별한 별자리들이 있어. 바로 북극성 근처에 있는 **북쪽 하늘 별자리**들이지. 이 별자리들은 다른 별자리들처럼 뜨거나 지는 대신, 늘 지평선 위에 있어서 밤이 되면 날마다 볼 수 있어. 한국에서는 큰곰자리, 작은곰자리, 용자리, 카시오페이아자리, 케페우스자리, 기린자리가 포함돼.

남반구 하늘
겨울

계절에 따라 변하는 하늘

계절이 바뀌면 하늘의 모습도 바뀌어. 그래서 지금 볼 수 있는 별자리가 어떨 땐 사라지기도 해. 여름에만 보이는 백조자리처럼 말이야. 나는 백조자리가 커다란 십자가 같다고 생각했는데, 고대 그리스인들은 그걸 보고 백조의 기다란 목과 날개와 꼬리를 떠올렸대.

W자처럼 생긴 카시오페이아자리는 일 년 내내 볼 수 있어. 특히 가을에 선명하게 보이지. 고대 그리스인들한테는 이 별자리가 허영심에 가득 찬 카시오페이아 왕비가 왕좌에 앉아 머리를 빗는 모습으로 보였고, 그래서 이런 이름을 붙인 거래.

북반구 하늘
여름

모래시계 한가운데에 반짝이는 별이 세 개 놓인 모양의 오리온자리를 보려면 겨울을 기다려야 해. 전사 오리온이 몽둥이와 방패를 든 모습이 그려지지 않니? 근처의 황소자리는 오리온을 공격하는 황소를 나타내지.

큰곰자리와 작은곰자리('큰 국자'와 '작은 국자'라고 부르기도 해.)는 아마 가장 유명한 별자리일 거야. 작은곰자리는 별 네 개로 된 사각형에 나머지 별들이 꼬리처럼 붙어 있어. 그 꼬리 끝에 있는 별이 '북극성'이고, 그 별이 떠 있는 곳이 바로 북극이야.

❗ **남십자자리**는 남반구에서 유명한 별자리야. 아크룩스, 베크룩스, 가크룩스, 데크룩스, 이렇게 네 별이 아주 밝게 빛나서 쉽게 찾을 수 있어. 그래서 옛날부터 사람들은 이 별자리를 보고 남쪽을 찾았대.

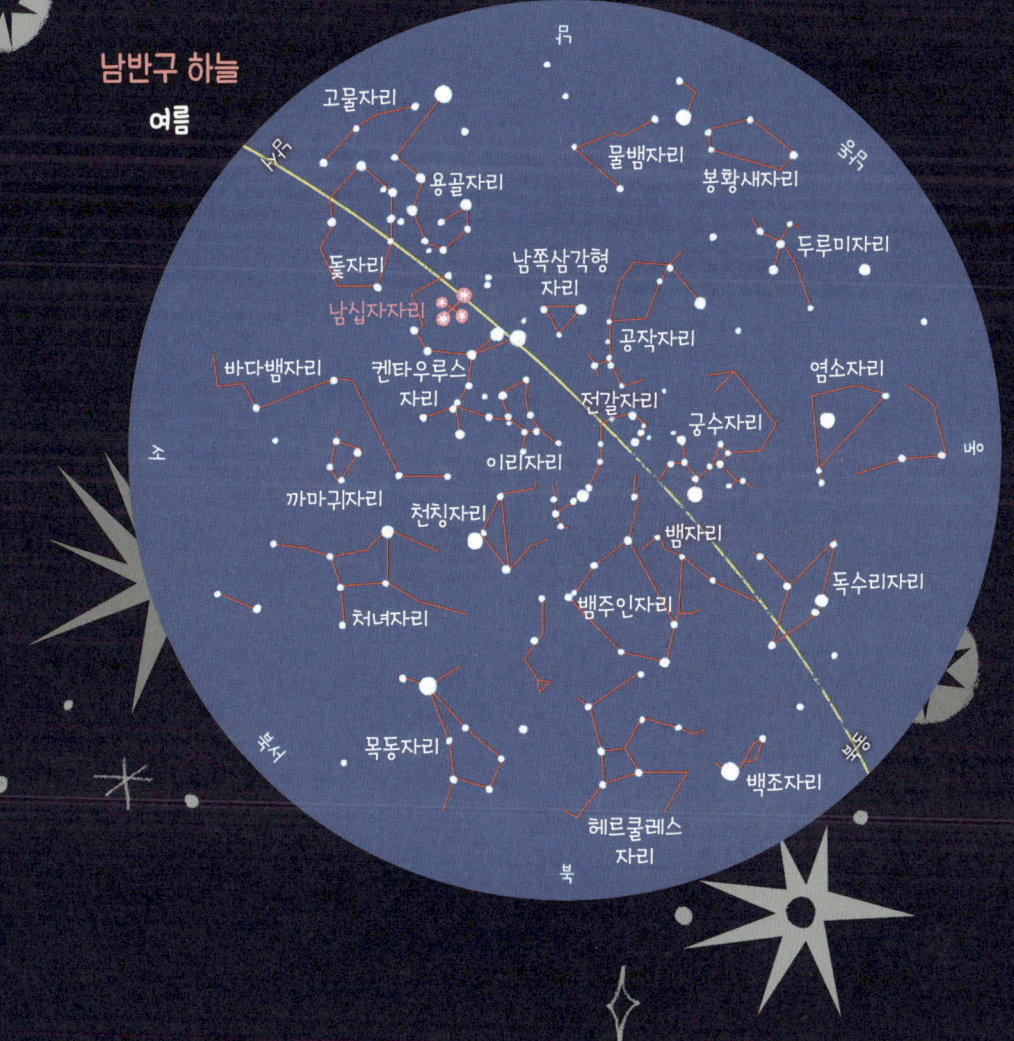

남반구 하늘
여름

보이는 것처럼 가깝지는 않아!

별자리는 '은하수', 그러니까 우리가 사는 '우리은하'의 별들로 이루어져 있어. 하지만 우리가 별자리를 만들기 위해 가상의 선으로 이은 점들이(내 말은, 별들 말이야.) 꼭 서로 가까운 건 아니란다. 별자리는 별들이 한 평면 위에 있다고 생각하고 만든 거거든. 아주 가까워 보이는 별들도 실제로는 엄청나게 멀리 떨어져 있을 수 있지.

비록 아주 멋진 착시 현상일 뿐이지만, 별자리는 인류 역사에서 매우 중요한 역할을 해 왔어. 아주 먼 옛날 나침반이 없었을 때, 항해자들에게 길을 알려 준 것도 하늘의 별자리였어!

❗ 오리온자리를 이루는 별들은 지구와 가까이 있는 듯 보이지만, 사실 각기 다른 거리로 지구와 떨어져 있어. 우리은하의 다른 곳에서 오리온자리를 바라보면 완전히 다른 모양으로 보일 거야.

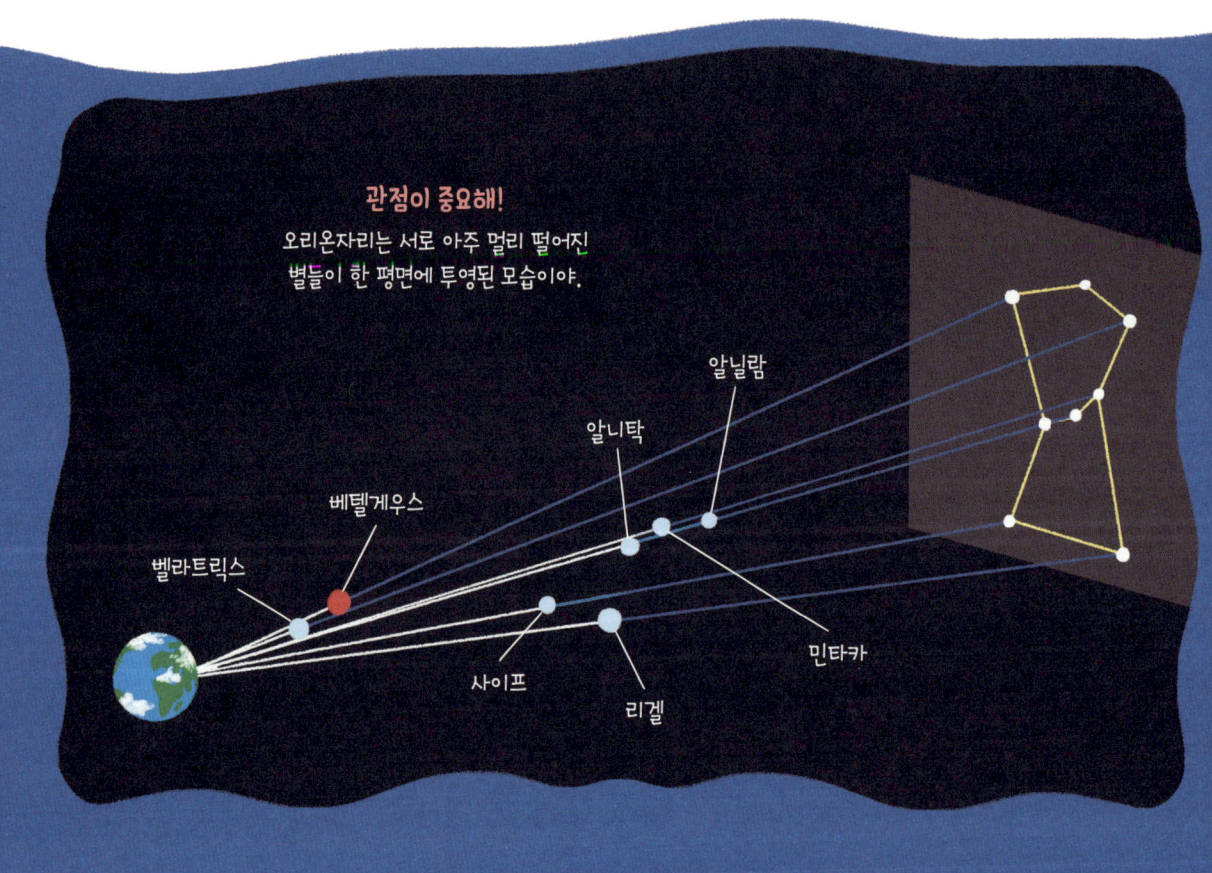

관점이 중요해!
오리온자리는 서로 아주 멀리 떨어진 별들이 한 평면에 투영된 모습이야.

별이 나타났다!

위성 항법 장치(Global Positioning System, GPS)가 없던 아주 먼 옛날에도 사람들은 먼바다로 항해에 나섰어. 바닷가의 불빛이 전혀 보이지 않는 먼 곳까지 말이야. 낮에는 태양이 방향을 알려 주었고, 밤에는 달과 별을 보고 방향을 잡을 수 있었거든. 이때 별자리도 중요한 역할을 했어.

어떤 별자리를 봐야 방향을 알 수 있냐고? 그건 지구 어디에서 항해하느냐에 따라 달라. 작은곰자리의 북극성은 북반구에서 항해하는 사람들에게 북쪽을 알려 줬고, 남반구 바다로 나선 사람들에게는 눈에 잘 띄는 남십자자리가 남쪽을 알려 주었지.

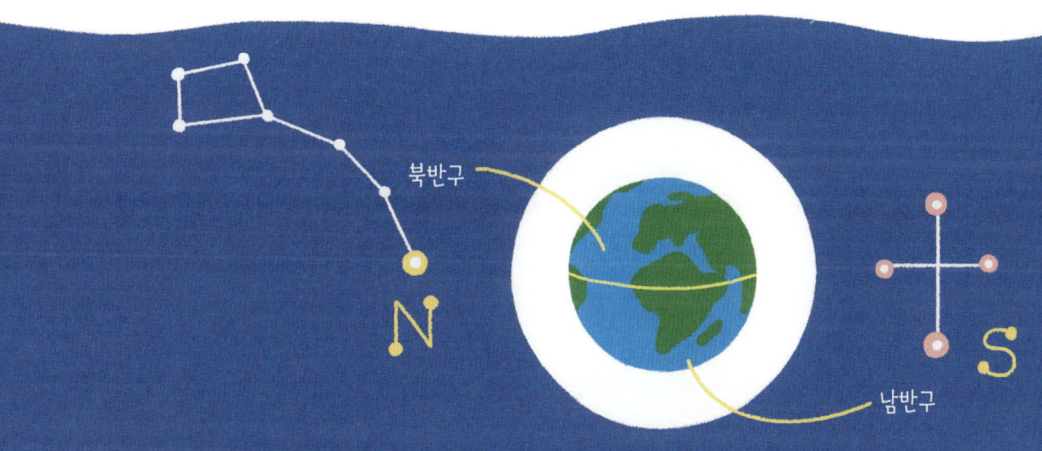

❗ 별과 별자리는 여러 나라 국기에도 등장하지만, 국기에 그린 별들이 천문학적 의미만 나타내는 건 아니야. 유럽 연합(EU) 깃발에 그려진 12개의 별은 가입한 국가들 사이의 일치, 연대, 조화를 상징해. 브라질 국기 속 27개의 별은 그 나라의 주들을 나타내기도 하고, 남반구 하늘의 지도를 표현하기도 해. 호주 국기의 하얀 별들과 뉴질랜드 국기의 붉은 별들은 남십자자리고, 미국 알래스카주의 깃발에 그려진 북두칠성(큰곰자리의 일부야.)과 북극성은 곰의 힘과 미래에 대한 사람들의 믿음을 상징한대. 튀르키예를 비롯한 이슬람 국가들의 국기에는 초승달과 별이 자주 등장하는데, 그건 이슬람교를 나타내는 거야.

은하수

도시의 높은 빌딩과 공장 그리고 아파트가 내뿜는 인공 불빛에서 멀리 떨어지면, 밝은 별들로 이루어진 띠가 밤하늘을 가로지르는 게 보일 거야. 그 띠가 바로 은하수란다!

은하수를 관찰하기 가장 좋은 시기는 6월부터 8월 사이의 여름이야. 하지만 이 멋진 우주쇼를 제대로 즐기려면 한적한 시골이나 산으로 가는 게 좋아. 이스터섬은 대도시와 멀리 떨어진 태평양 한가운데에 있어서 은하수가 진짜 아름답게 보인대. 이스터섬에 사는 사람들이 정말 부러워!

➲ 116~121쪽에서 은하수에 대해 더 알아봐.

내가 은하수라면
내 모습을 한껏 뽐낼 텐데.

내 두 손은
활짝 웃는 두 별

내 두 발은
혜성처럼 모험을 떠나고

내 배꼽은
다이아몬드처럼 빛나겠지.

하지만 지금 가장 밝게 빛나는 건,
끝없는 우주를 바라보다 깜짝 놀라 동그래진 나의 두 눈.

함께 해 보기
별 사진을 찍어 보자!

언니가 은하수의 멋진 모습을 사진으로 남기는 방법을 알려 줬어.
"은하수를 찍으려면 삼각대와 좋은 카메라, 긴 노출 시간을 기다릴 인내심이 필요해."
"스마트폰으로는 못 찍어?"
"가능하지. 그렇지만 노출 시간을 바꿀 수 있는 앱을 설치해야 해. 자, 이렇게 해 봐. 먼저 노출 시간을 20초에 맞추고 사진을 찍어. 그다음엔 40초, 또 그다음에는 1분으로 맞추고 찍어 봐. 노출 시간이 길수록 별이 더 많이 찍혀 있을 거야."
더 놀라운 걸 알려 줄까? 노출 시간을 아주아주 길게 설정하면 별들이 움직이는 모습도 찍을 수 있대!

이야기
옛날 사람들이 생각한 은하수

언니는 우주에 얽힌 이야기를 들려주는 걸 좋아해. 아마 그냥 두면 밤새 이야기할걸. 언니는 우주가 전 세계 온갖 언어로 쓴 엄청나게 긴 책이나 마찬가지래. 그 안에 원시 시대부터 지구 곳곳에 살던 사람들이 하늘을 보고 남긴 이야기가 담겨 있는 거지.

예를 들어, 그리스 사람들은 은하수 탄생에 관한 신화를 남겼어. 헤르쿨레스는 신들의 왕 제우스와 인간인 알크메네 사이에서 태어났는데, 제우스는 자기 부인인 헤라 여신이 헤르쿨레스에게 젖을 먹이기를 바랐대. 신의 젖을 먹어야 헤르쿨레스가 신들의 영원한 생명을 가질 수 있었거든. 그래서 제우스는 잠든 헤라 품에 몰래 아기 헤르쿨레스를 올려놓았지. 그런데 힘센 헤르쿨레스가 젖을 너무 세게 빨아서, 깜짝 놀란 헤라가 헤르쿨레스를 밀쳐 버렸어. 그때 솟구친 젖이 제우스와 헤라의 궁전을 잇는 은하수가 된 거래.

이 신화는 여러 예술가들의 영감을 불러일으켰어. 이탈리아 화가 틴토레토(1518~1594)가 이 신화를 바탕으로 1575년에 그린 작품은 영국의 런던 내셔널 갤러리에 전시되어 있지.

다른 민족들도 은하수 이야기를 남겼어. 남아메리카의 잉카 사람들은 은하수가 천둥 신이 비를 내보내는 강이라고 생각했어. 북아메리카 원주민인 체로키족과 포니족 사람들은 여자와 노인이 죽으면 영혼이 은하수 북쪽에 있는 별로 간다고 믿었대.

그렇지만 고대 그리스 철학자 데모크리토스와 아랍 천문학자들은 하늘의 밝은 띠가 수많은 별로 이루어져 있다고 생각했어. 많은 사람이 그게 하늘에 매달린 등불이라고 믿었던 시대에도 말이야. 이후 갈릴레오 갈릴레이가 망원경으로 은하수를 관찰하고, 그게 맨눈으로는 구분할 수 없을 만큼 많은 별들의 집합이라는 사실을 처음으로 발견했어.

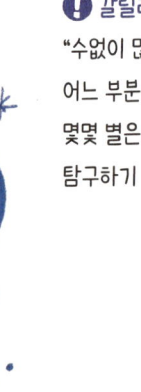

 갈릴레오 갈릴레이(1564~1642)는 이렇게 말했어. "수없이 많은 별이 무리를 이룬 것이 은하수다. 망원경으로 어느 부분을 보든, 엄청나게 많은 별이 눈에 들어온다. 몇몇 별은 크고 눈에 띄지만, 대부분은 작은 별들로 자세히 탐구하기 어렵다." (《시데레우스 눈치우스》, 1610)

함께 해 보기
겉보기 크기와 실제 크기

 사실 이제껏 '별'이라는 말을 들을 때마다 내 머릿속에는 하늘에 찍힌 작은 점밖에 떠오르지 않았어. 솔직히 털어놨더니, 언니가 고개를 끄덕이며 말했어.
 "간단한 실험을 해 보자. 그러면 네가 보는 점이 별의 실제 크기가 아니라 겉보기 크기라는 걸 이해하게 될 거야."
 언니는 나한테 펜을 하나 주고는 검지로 양 끝을 잡으라고 했어.
 "그게 펜의 '실제 크기'야. 15센티미터쯤 될 거야. 이제 펜을 내려놓고 뒤로 물러나 봐. 동시에 펜이 두 손가락 사이에 딱 맞게 들어오도록 손가락 사이 간격을 점점 줄여야 해. 아까 펜을 잡았을 때와 똑같이 보이도록 하란 뜻이야. 됐지? 지금 네가 보는 게 '겉보기 크기'야. 펜에서 멀어질수록 두 손가락 사이가 점점 좁아지지? 네가 얼마나 멀리 있는지에 따라서 펜의 겉보기 크기가 달라져서 그래. 우리가 별을 볼 때도 똑같은 일이 일어나. 별은 정말 정말 엄청나게 멀리 떨어져 있어서, 먼지처럼 작게 보이는 거야."

별일까, 행성일까?

언니가 하늘에서 아주 밝게 빛나는 점을 찾아 보라고 했어.

그건 아주 쉬웠지! 그런데 내가 찾은 건 별이 아니라 금성이라는 행성이었어.

항상 그런 건 아니지만, 수성, 금성, 화성, 목성, 토성은 맨눈으로 볼 수 있어. 밤하늘에서 특히 밝게 빛나는 점이 이 행성들이야. 하지만 행성은 스스로 빛을 내는 게 아니야. 태양의 빛을 반사할 뿐이지.

하늘에 떠 있는 게 행성인지 별인지 구분하는 방법이 있어. 바로 네가 찾은 빛나는 점이 깜빡이는지 마는지 확인하는 거야. 별은 깜빡이지만, 행성은 거의 그러지 않거든.

우리랑 우리가 관찰하는 천체 사이에는 지구 대기가 있잖아. 그 속의 먼지들은 무질서하게 움직이면서 우리가 관찰하는 걸 방해해. 그래서 별이 깜빡거리는 것처럼 보이는 거야.

그런데 우리가 눈으로 찾을 수 있는 행성은 별보다 지구에 훨씬 더 가까이 있고(그래서 겉보기 크기도 더 크지.) 행성이 반사하는 빛이 그만큼 대기의 방해를 덜 받아서, 거의 깜빡거리지 않아.

➡ 7장에 가면 **행성**과 **태양계** 이야기를 더 자세하게 할 거야.

별

행성

우리는 어디에 있을까?

"언니, 우리는 우주의 어디쯤에 있는 거야? 만약 다른 행성에 사는 외계인이 주소를 물어보면 뭐라고 대답해야 해?"

언니가 한참 웃더니 설명해 줬어.

"우리 지구는 태양에 세 번째로 가까운 태양계 행성이야. 태양계는 우리은하 안에 있어. 우리은하는 은하의 일종인데, 은하 하나에 태양과 비슷한 별이 수천억 개나 있지. 자세히 알려 주지 않으면 네 외계인 친구가 너를 찾는 게 엄청 어렵겠지? 네 친구가 다른 은하에 있는 행성에 산다면, 여기까지 찾아오기 훨씬 더 어려울 거야. 우주에는 우리은하 말고도 은하가 수천억 개나 더 있거든."

"우리은하에 있는 태양계, 태양계에 있는 지구…. 외계인이 나한테 편지를 보내려면 주소를 정말 길게 써야겠다!"

시작이 시작되기 전,
첫 종이 울리기 전,
빅뱅이 일어나기 전,
그때 무엇이 있었을까?

알려 줄게.

에너지와 물질과 빛,
온 우주가 가득한
호두 껍질이 있었대.

두 번째 이야기

빅뱅, 모든 것의 시작

    이곳에서 하늘을 보는 건 먼지와 소음으로 가득 찬 도시에서 보는 것과는 완전히 달라. 밤은 훨씬 더 어둡고, 아무 소리도 없이 고요하거든. 이제 눈도 어둠에 충분히 적응해서 조금 전까지 까맣게만 보이던 곳에서 희미한 별을 찾을 수 있게 됐어. 내가 별이 가득한 신비한 풍경에 홀딱 마음을 빼앗겨 있는데, 언니가 말을 건넸어.

"우주가 늘 지금 같은 모습은 아니었다는 거 알아?"

"지금 우주가 어떤데?"

"엄청나게 넓고, 별과 행성도 수없이 많지."

"안 그런 때가 있었단 거야?"

"타임머신을 타고 130억 년쯤 과거로 돌아가면, 화성 같은 행성도, 태양 같은 별도, 우리은하 같은 은하도 없어. 우주의 역사가 시작될 때, 우주는 아주 작았어. 호두 한 알보다도 작은 공간에 모든 물질과 빛이 하나로 뭉쳐 있었지. 우주가 너무 빽빽하고 뜨거워서 빛 한 줄기, 물질 알갱이 하나도 탈출하지 못할 정도였어."

"그다음에 어떻게 됐어?"

"큰 폭발이 일어나서, 우주가 갑자기 팽창하기 시작했지!"

"빅뱅!"

"맞아. 우주는 빅뱅으로 생겨난 거야."

우주의 탄생

모든 건 138억 년 전에 시작됐어. 그때 정확히 어떤 일이 일어났냐고? 우리도 아는 게 많지는 않아. 우리가 아는 건, 옛날엔 모든 것이 아주아주 작은 공간에 들어 있었다는 것뿐이야. 어마어마한 에너지와 물질이 마치 수프 같은 상태로 압축되어 있었는데, 너무 높은 온도 때문에 모든 것이 엉켜서 서로 분리할 수도 없었대.

그러다 어느 순간 '빅뱅'이 일어났고, 우주가 팽창하기 시작했어. 그 바람에 수프 속의 빛과 물질들이 더 넓은 공간으로 퍼져나가면서 수프가 빠르게 식었지. 처음에는 팽창 속도가 엄청나게 빨랐어. 이제는 그때보다 느려지긴 했지만, 여전히 우주는 팽창하고 있지.

지금은 우리은하에서 아주 멀리 떨어진 은하들의 빛을 분석해서, 우주가 팽창하는 속도를 측정해. 아쉽게도 지금으로선 우리가 다른 은하에 직접 가서 연구할 방법은 없어. 우리가 할 수 있는 건 한 가지뿐이야. 우주 공간을 여행해 지구에 도착하는 빛을 연구하는 거지!

❗ 우리 눈은 빛의 수많은 파장 중 일부만 볼 수 있어. 파장에 따라서 빛의 색깔이 달라지는데, 우리가 볼 수 있는 가장 짧은 파장은 보라색이고, 가장 긴 파장은 빨간색이지. 망원경처럼 정밀한 장치를 이용하면, 우리 눈에 보이지 않는 아주 짧은 감마선과 엑스선, 아주 긴 적외선, 파장이 몇 미터나 되는 전파('라디오파'라고도 해.)도 관찰할 수 있어.

➡ 빛을 이용하면 우주를 관찰하고 과거에 일어난 사건들도 연구할 수 있어. 그 방법은 3장에서 알려 줄게.

빛의 정체

빛은 만질 수도, 잡을 수도 없어. 빛이 우리 눈에 닿을 때 볼 수 있을 뿐이지. 빛은 도대체 뭘까? 빛은 무엇으로 이루어져 있을까? 광선을 확대하면 뭔가 알아낼 수 있을까?

빛은 에너지의 한 형태로, 공간을 통해 전파되는 '복사(물체에서 나오는 열이나 전자기파, 혹은 그러한 현상)'야.

빛은 두 가지 성질을 동시에 가지고 있어. 첫째로, 빛은 입자처럼 움직여. 빛 입자를 '광자'라고 하는데, 긴 직선처럼 보이는 광선도 사실 광자들로 이루어져 있어. 광자들끼리 아주 가까이 붙어 움직여서 죽 이어진 것처럼 보이는 것뿐이지.

한편, 빛에는 파동의 성질도 있어서, 파도처럼 '파장'과 '진폭'이 있어. 파장은 파동의 '마루(파동의 가장 높은 부분)'와 마루, '골(파동의 가장 낮은 부분)'과 골 사이의 거리이고, 진폭은 골에서 마루까지의 높이를 뜻해.

❗ **빅뱅**은 과학자들이 우주 탄생에 붙인 이름이야. 이 거대하고 갑작스러운 폭발로부터 우리가 아는 모든 것이 생겨났대. 아주 작은 공간이 갑자기 팽창하는 모습을 나타내기에 딱 맞는 이름이지?

빛을 파동으로 표현하면

파장

마루

골

진폭

호두 껍질 속의 우주

'호두 껍질 속의 우주'라는 기발한 표현은 영국의 물리학자 스티븐 호킹(1942~2018)이 생각해 낸 거야. 사실 빅뱅 이전의 우주는 호두 한 알보다도 훨씬 작았어. 너무 작아서 그 크기를 측정할 수도 없을 정도였지.

물리학에서 측정할 수 있는 가장 짧은 길이를 '플랑크 길이'라고 하는데, 플랑크 길이는 호두 한 알을 1,000,000,000,000,000,000,000,000,000,000,000조각으로 나눈 것만큼이나 짧아. 그런데 빅뱅이 일어나기 전 우주의 길이는 플랑크 길이보다도 짧아서, 초기 우주의 모습을 자세히 알 수는 없대.

디지털 사진을 확대한다고 상상해 봐. 자꾸 확대하다 보면 픽셀이 보이잖아. 거기서 더 확대한다고 해도 픽셀보다 더 자세한 그림이 보이지 않는 것하고 비슷해. 플랑크 길이만큼이 우리 지식의 한계인 셈이야.

⤴ 그럼 지금 우주는 얼마나 넓을까? 궁금하면 61쪽을 읽어 봐.

❗ 빅뱅이란 말은 1949년에 한 라디오 방송에서 과학자 프레드 호일(1915~2001)이 처음으로 썼어.

우주는 팽창 중!

이번엔 언니가 풍선을 꺼냈어.
"매직으로 풍선에 점을 잔뜩 찍어 볼래? 이 풍선이 우주고, 네가 찍은 점 하나하나는 은하라고 상상하는 거야, 알았지?"
내가 점을 다 찍고 나자 언니가 다시 말했어.
"내가 풍선을 불 테니까 무슨 일이 생기는지 잘 살펴봐."
풍선이 커질수록 은하들이 서로 멀어졌어. 특히 내 눈에서 가까운 은하들보다 멀리 있는 은하들이 더 빠른 속도로 멀어졌지.

1920년대에 미국 천문학자 에드윈 허블(1889~1953)이 캘리포니아에 있는 윌슨산 천문대에서 은하들을 관찰했어. 당시에는 허블이 이용한 망원경이 전 세계에서 성능이 가장 뛰어난 거였대. 허블은 은하들이 내가 풍선에 찍은 점들처럼 움직이는 걸 발견했어. 은하들이 멀리 있을수록 멀어지는 속도가 빨랐지. 은하들이 그렇게 이상하게 움직이는 이유는 하나밖에 없었어. 우주가 팽창하고 있었던 거야. 은하들은 풍선 표면의 점들처럼, 점점 커지는 우주를 따라서 이동했던 거고.

❗ 우주의 종말에 대한 이론이 몇 가지 있어. **빅 프리즈(Big Freeze) 이론**에 따르면, 우주는 끝없이 팽창해서 결국 한없이 어둡고 차가운 곳이 될 거야. **빅 크런치(Big Crunch) 이론**의 예측은 달라. 우주의 팽창 속도가 점점 줄어들다가 결국 팽창을 멈추고, 그다음부터는 거꾸로 수축할 거라고 보거든. 그리고 그렇게 수축한 우주가 다시 한번 빅뱅을 일으킬 거라는 게 **빅 바운스(Big Bounce) 이론**이야. 한 우주가 종말을 맞이하고, 거기에서 새로운 우주가 탄생하는 일이 반복된다는 거지. 지금 우리가 우주에 대해 알고 있는 것들을 바탕으로 판단하면, 가장 그럴듯한 건 우주가 영원히 팽창한다는 빅 프리즈 이론이야. 빅 크런치나 빅 바운스가 일어날 가능성은 거의 없대.

최초의 빛, 최초의 사진

온도가 너무 높고 공간이 부족해서 빛과 물질이 수프처럼 엉켜 있던 시기는 금방 끝났어. 빅뱅이 일어난 직후, 우주는 충분히 커졌고, 빛이 물질과 분리되어 움직이기 시작했지.

빛은 처음으로 팽창하는 우주 공간을 자유롭게 나아가면서 그때 일어난 일을 사진으로 남겼어. 진짜 사진을 찍었다는 말이 아니라, 빅뱅의 흔적이 빛에 사진처럼 남았다는 뜻이야.

그때 출발한 빛은 138억 년 동안 우주를 여행하면서 우주의 진화 단계를 고스란히 겪었어. 때로는 물질과 충돌하고, 때로는 물질에 흡수되고, 때로는 물질에 반사되어 방향을 바꾸었지. 이런 과정들의 흔적도 빛에 사진처럼 남아 있어. 빛이 찍은 사진에 얼마나 많은 정보가 들어 있을지 상상이 가?

팽창하는 우주에서 긴 여행을 하는 동안 빛의 성질은 서서히 바뀌었어. 파장은 길어졌고, 에너지를 잃고 차가워진 거야. 그러니 처음으로 물질과 분리되어 현재 지구까지 날아온 빛을 추적하려면, 너무 차가워서 우리 눈에는 보이지 않을 정도인 빛을 찾아야 해. 1964년에 아노 펜지어스(1933~2024)와 로버트 우드로 윌슨(1936~)이 아주 예민한 전파 안테나를 사용해서 이 빛을 포착해 냈어. 거의 기적에 가까운 발견이었지.

그 빛을 '우주 배경 복사(Cosmic Microwave Background, CMB)'라고 불러.

❶ 빛으로 이루어진 화석

우주 배경 복사는 일종의 지도라고 할 수 있어.
탐구하고 해석하면 우리 우주의 과거를 알 수 있는 지도지.
우주 배경 복사는 온도가 제각각인 여러 구역으로부터 온 거야.
오른쪽 그림 속의 붉은 부분은 빛이 **좀 더 따뜻한** 구역을,
파란 부분은 **좀 더 차가운** 구역을 표현한 거지.
이 색깔을 분석하면 어떤 구역에 **물질이 더 많거나 적었는지** 알 수 있어.
과학자들은 지금까지도 우주 배경 복사를 연구하고 있대.
파고 또 파도 자꾸만 유물이 나오는 고고학 발굴 현장 같지?

최초의 물질이 나타나다

빅뱅이 일어나고 첫 3분 동안, 세상 모든 것의 기본 입자인 '양성자', '중성자', '전자'가 만들어졌어. 그리고 서로 가까이 붙어 있을 수밖에 없었던 좁은 공간에서, 무거운 입자인 양성자와 중성자가 충돌하고 결합하면서 처음으로 '원자핵'이 생겨났지.

이 단계에서는 원소 중 유일하게 수소가 만들어졌어. 수소는 핵에 양성자 하나만 있는 아주 단순한 원소거든.

물질은 무엇으로 이루어져 있을까?

양성자, 중성자, 전자는 원자의 기본이 되는 입자야. 양성자와 중성자가 원자핵을 이루고, 전자가 그 주위 궤도를 돌지.

양성자와 중성자가 결합한 방식과 그 수가 원자의 성질을 결정하고, 전자는 원자핵들이 서로 결합해 분자를 이루도록 도와줘. 예를 들어서, 수소 원자 두 개와 산소 원자 하나가 결합하면 물 분자가 돼.

엄청나게 뜨겁거나 중력이 강한, 별의 내부 같은 극단적인 환경에 있는 원자들은 전자 없이 원자핵으로만 이루어져 있기도 해.

➲ 물이 생명체에게 얼마나 중요한 물질인지 알고 싶니? 그럼 196쪽으로.

❗ 물질을 이루는 기본 입자

이미 기원전 5세기에 그리스 철학자 **레우키포스**와 **데모크리토스**가 이런 생각을 했어. '물질을 자꾸만 자르다 보면, 결국에는 절대 나눌 수 없는 알갱이가 되지 않을까?' 그들은 그 알갱이를 그리스어로 '나눌 수 없다'는 뜻의 '아토모스'라고 부르기로 했지. 그들이 생각한 게 바로 원자의 개념이야. 철학이 아닌 과학계에서 원자의 존재를 예측하는 이론을 처음으로 세운 사람은 19세기 영국의 과학자 **존 돌턴**(1766~1844)이었어.

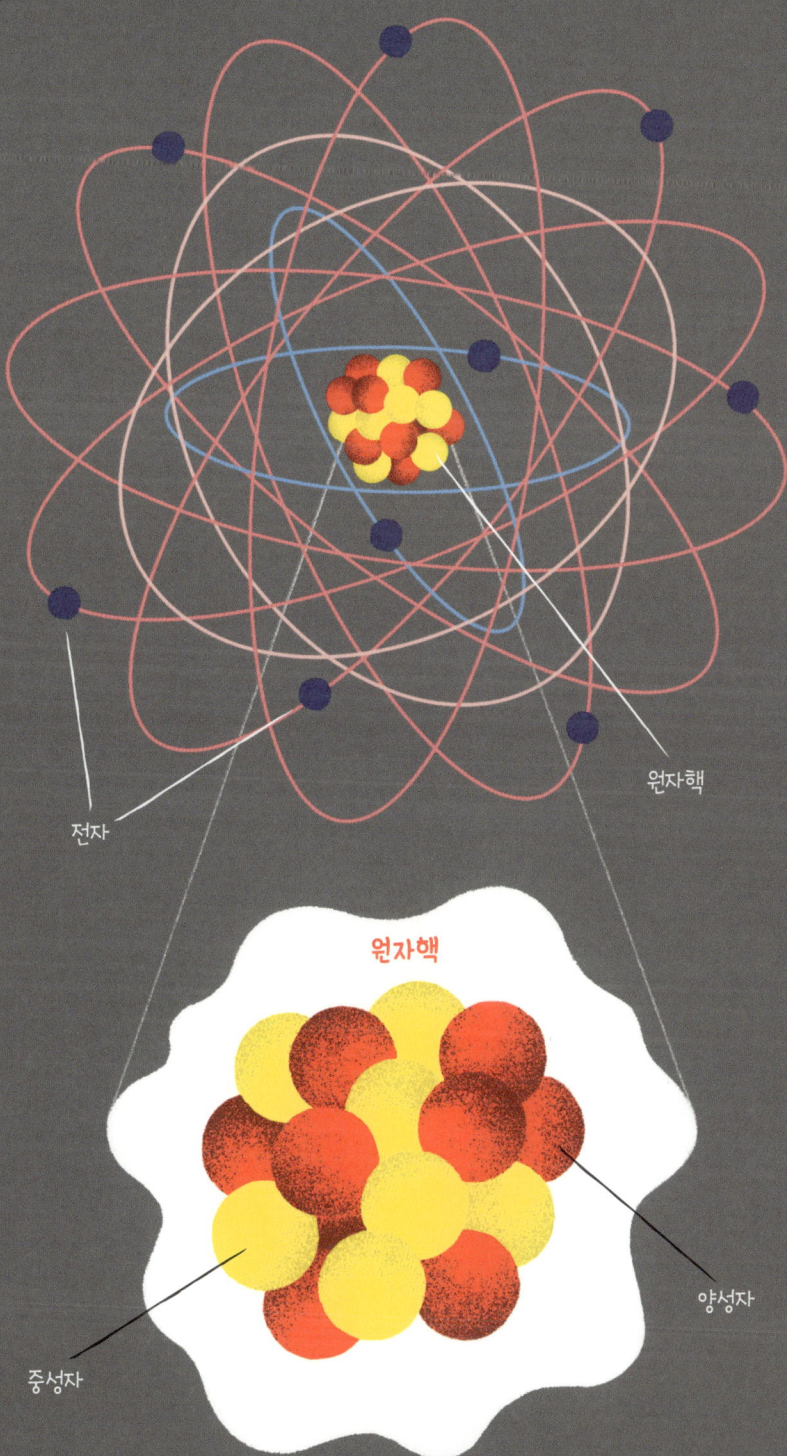

함께 해 보기
아기 우주를 만들어 볼까?

우리 집에는 내가 정말 좋아하는 집짓기 블록 세트가 있어. 그걸로 건물을 만드는 게 얼마나 재밌는데! 그런데 말이야, 언니가 내 블록으로 우주를 만들자고 하지 뭐야. 갓 태어난 아기 우주를 우리가 창조하는 거랬어!

우주 창조에는 세 가지 블록이 필요해. 빨간 블록은 양성자, 노란 블록은 중성자, 파란 블록은 전자야. 가장 먼저 수소 원자핵을 만들어 볼게. 우주에서 처음 생긴 원소잖아. 수소 원자핵에는 양성자 하나밖에 없으니까, 빨간 블록 하나만 따로 세워 놓으면 끝!

세 가지 블록으로 또 어떤 원자를 만들 수 있을까? 블록들을 조합해서 직접 만들어 봐!

❗ 과학자이자 SF 소설가인 아이작 아시모프(1920~1992)가 1957년에 쓴 책 제목이 《우주를 구성하는 블록》이야.

물질은 중력을 따라서

우주가 갓 태어났을 때, 빛은 물질과 분리되자마자 자기가 갈 길을 가 버렸어. 그럼 물질은 어땠냐고? 아주 단순해. 물질은 그냥 우주 곳곳에 자리를 잡았지. 물질에 작용한 힘은 딱 한 가지, 중력뿐이었거든.

중력의 힘

1666년에 영국의 과학자 아이작 뉴턴(1643~1727)이 나무 아래에서 졸고 있다가 나뭇가지에서 떨어진 사과에 머리를 맞았다는 이야기 들어 봤지? 잠에서 깬 뉴턴은 이런 생각을 했대. 사과는 나무에서 떨어지는데, 달은 왜 지구로 떨어지지 않을까? 뉴턴이 정말 그랬는지는 확실하지 않지만, 사과를 땅으로 떨어지게 한 중력이 별과 행성의 운동을 조종하는 힘이라는 걸 깨달은 건 확실해.

두 물체가 서로 잡아당기는 힘, 중력은 두 물체가 무거울수록 그리고 두 물체가 서로 가까울수록 더 커져. 지구에서 50킬로그램인 내 몸무게가 달에 가면 8킬로그램으로 줄어드는 건, 달이 지구 질량의 85분의 1, 크기로는 4분의 1밖에 안 되기 때문이지. 지구보다 질량은 318배, 크기는 11배나 큰 목성으로 가면 어떻게 될까? 내 몸무게는 126킬로그램으로 늘어날 거야. 너무 무거워서 걷기가 힘들겠지?

그런데 왜 달은 사과처럼 우리 머리 위로 떨어지지 않는 걸까? 만약 달이 나무에 열린 사과처럼 움직이지 않고 멈춘 상태라면, 지구의 중력 때문에 정말로 떨어질 거야. 하지만 달은 늘 움직이잖아. 지구 주위를 공전하는 힘이 지구 중력에 맞서는 거지. 태양계 행성들이 태양의 중력에 저항하여 저마다 다른 속도로 자기 궤도를 도는 것도 같은 원리야.

⊃ **태양계 행성들**은 158쪽에서 소개할게.

⊃ 160쪽에서 천체들이 어떻게 **회전**으로 **중력**에 저항하는지 직접 확인해 볼 수 있어.

❗ 지구를 벗어나기 위한 속도

공을 공중으로 던지면, 몇 초 뒤에 다시 땅으로 떨어져. 왜 그런지 알겠지? 그래, 중력 때문이야. 하지만 공을 아주 빠르게, 거의 로켓과 같은 속도로 던지면, 공이 지구 중력을 벗어나서 우주로 날아갈 거야. 그때 '공의 속도가 지구의 **탈출 속도**보다 더 빠르다'고 말해. 탈출 속도는 행성 중력의 크기에 따라서 달라져. 지구에서 공을 던져서 우주로 보내려면, 세계에서 가장 빠른 경주용 자동차보다 165배쯤 빠르게 던져야 하지. 달에서는 지구에서 던질 때 속도의 6분의 1쯤 되는 속도로 던져도 되고 말이야.

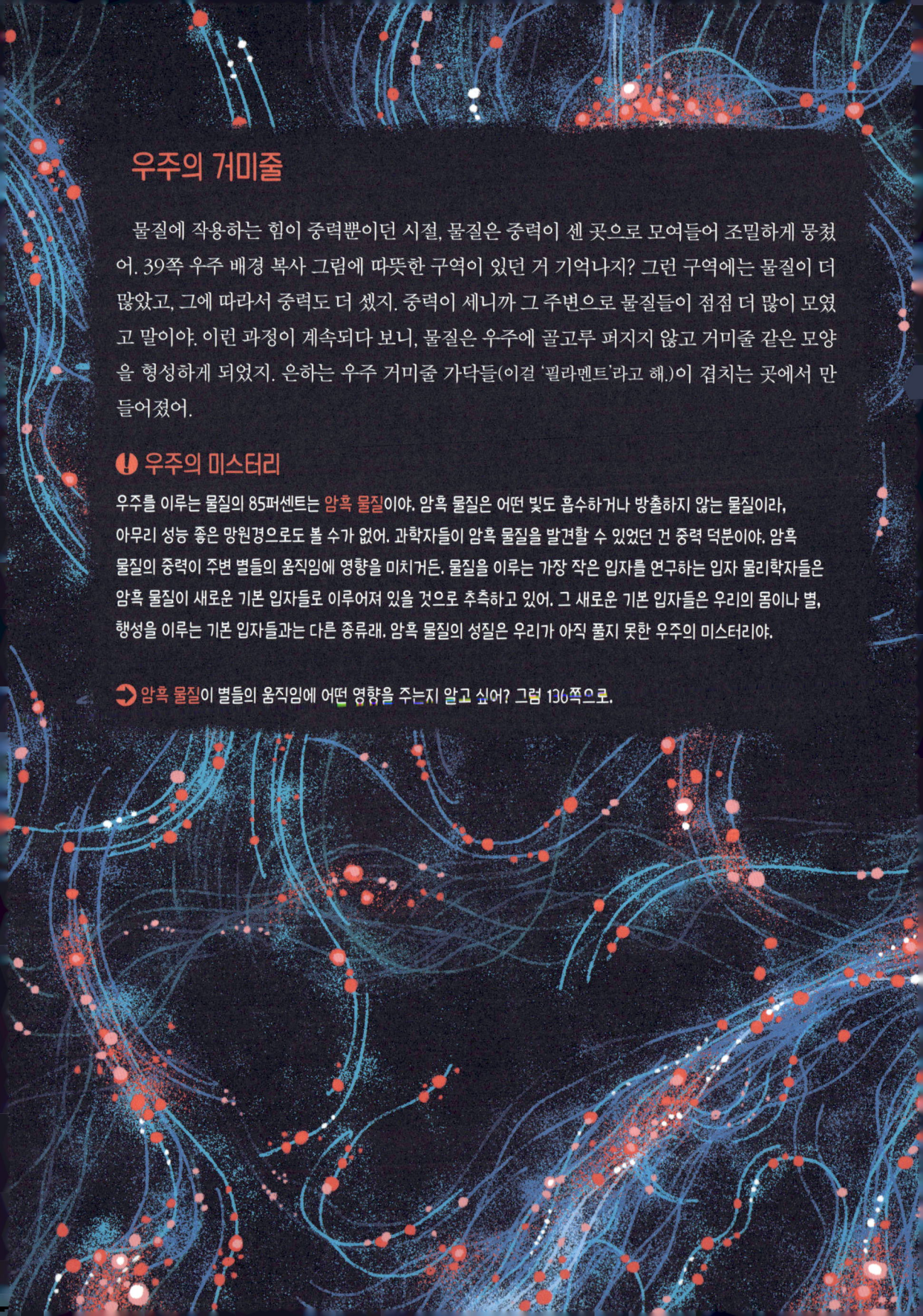

우주의 거미줄

　물질에 작용하는 힘이 중력뿐이던 시절, 물질은 중력이 센 곳으로 모여들어 조밀하게 뭉쳤어. 39쪽 우주 배경 복사 그림에 따뜻한 구역이 있던 거 기억나지? 그런 구역에는 물질이 더 많았고, 그에 따라서 중력도 더 셌지. 중력이 세니까 그 주변으로 물질들이 점점 더 많이 모였고 말이야. 이런 과정이 계속되다 보니, 물질은 우주에 골고루 퍼지지 않고 거미줄 같은 모양을 형성하게 되었지. 은하는 우주 거미줄 가닥들(이걸 '필라멘트'라고 해.)이 겹치는 곳에서 만들어졌어.

❗ 우주의 미스터리

우주를 이루는 물질의 85퍼센트는 암흑 물질이야. 암흑 물질은 어떤 빛도 흡수하거나 방출하지 않는 물질이라, 아무리 성능 좋은 망원경으로도 볼 수가 없어. 과학자들이 암흑 물질을 발견할 수 있었던 건 중력 덕분이야. 암흑 물질의 중력이 주변 별들의 움직임에 영향을 미치거든. 물질을 이루는 가장 작은 입자를 연구하는 입자 물리학자들은 암흑 물질이 새로운 기본 입자로 이루어져 있을 것으로 추측하고 있어. 그 새로운 기본 입자들은 우리의 몸이나 별, 행성을 이루는 기본 입자들과는 다른 종류래. 암흑 물질의 성질은 우리가 아직 풀지 못한 우주의 미스터리야.

➡ 암흑 물질이 별들의 움직임에 어떤 영향을 주는지 알고 싶어? 그럼 136쪽으로.

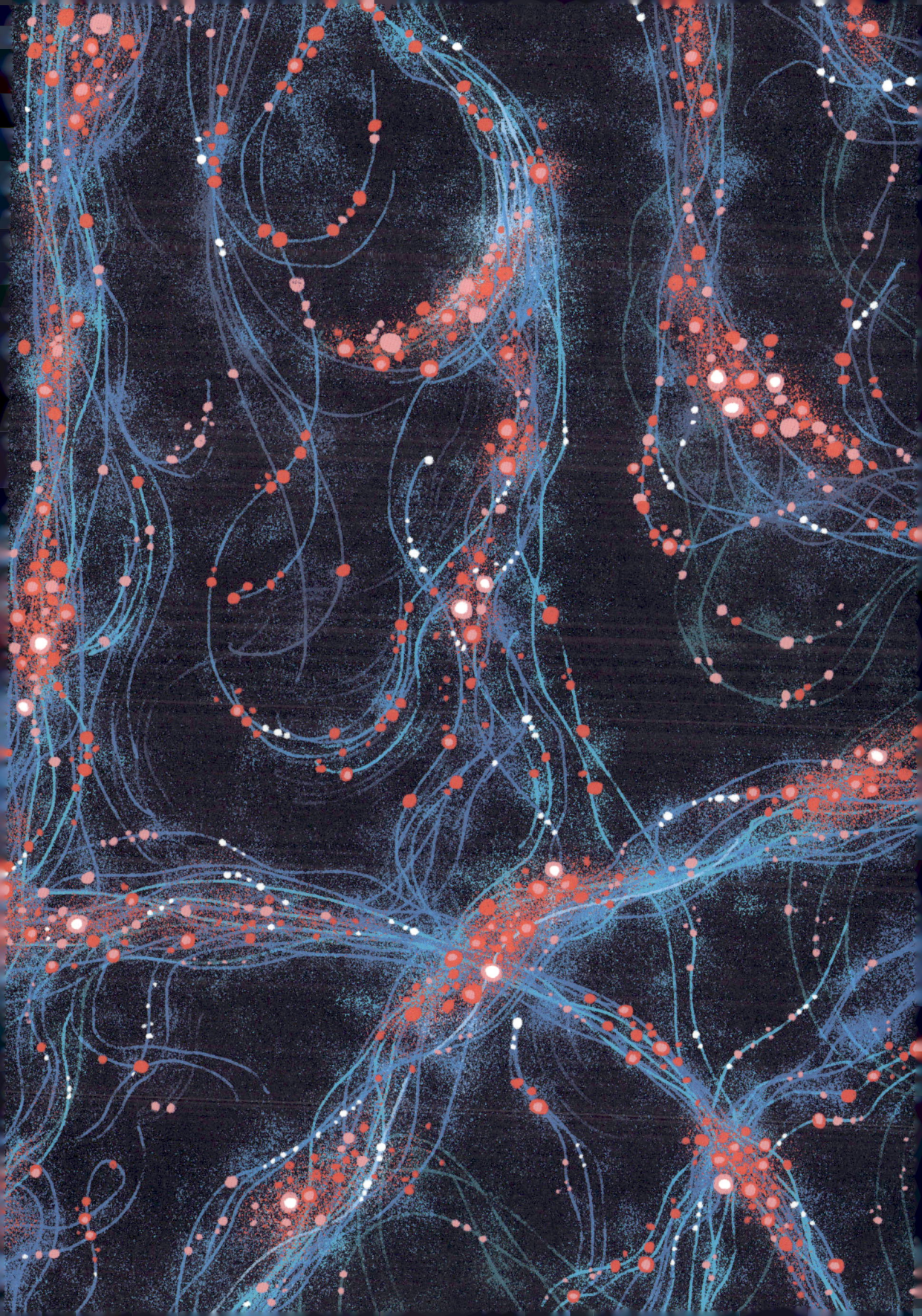

어둠에서 빛으로

빅뱅 후 1억 년이 지나도록, 우주에 존재하는 빛은 우주 배경 복사뿐이었어. 우주는 계속 팽창하면서 점점 더 어둡고 차가운 곳이 되었지. 한편 중력은 우주 거미줄에서 물질이 조밀하게 모인 곳으로 점점 더 많은 물질을 끌어당겼어. 그렇게 해서 생긴 수소 분자 구름 속에서 별이 탄생했고, 어두운 우주를 비추기 시작했단다.

▶ 분자 구름에 관해서는 90~95쪽에서 알려 줄게.

작은 은하에서 거대한 은하로

최초의 별들을 품은 은하들은 우리은하보다 훨씬 작았을 거야. 정말로 그랬는지 확실히 알 수는 없어. 왜냐하면 최초의 은하들은 우리와 너무 멀리 떨어져 있어서, 아주 성능이 좋은 망원경으로도 관측할 수 없거든.

은하들은 거리가 가까워지면, 중력 때문에 서로 이끌리다가 결국 하나로 합쳐져. 어린 우주에서는 이렇게 두 은하가 충돌하는 멋진 광경이 종종 펼쳐졌을 거야. 그런 충돌로 우리은하처럼 거대한 은하들이 우주에 점점 많아지게 됐지.

빅뱅!

빅뱅 후 3분 동안 가장 단순한 입자들이 만들어졌어.

아기 우주를 찍은 사진 한 장,
세상의 가장 오래된 모습이지.
아기 우주를 찍은 태초의 빛은
우주의 화석이야.

누가 알았을까?
별을 연구하는 천문학이
알고 보면
고고학이라는 걸.

지금 우주의 나이는
138억 살이야.

태양계는 우주가 생긴 지
90억 년이 지났을 때
만들어졌지.

은하수는 우주가
50억 살쯤 되었을 때
만들어졌어.

빅뱅 후 1억 년에서 2억 년,
처음으로 별들과
은하들이 생겼대.

빅뱅 후 38만 년,
빛과 물질이 분리됐고.

▶ 왜 천체가 멀리 있을수록 더 과거의 모습을 보게 될까?
60~63쪽에 그 이유가 나와.

▶ 4장에서 별이 어떻게 탄생하고 진화하는지 설명할게.

▶ 은하가 충돌하는 모습이 궁금하니? 그럼 130~133쪽을
읽어 봐.

49

함께 해 보기
은하가 되어 중력 느껴 보기

친구들을 공원으로 불러냈어. 언니가 우리한테 중력을 경험할 기회를 주겠다고 했거든! 준비물은 함께할 친구(많으면 많을수록 좋아.)와 메트로놈뿐이야. 메트로놈 대신 손뼉을 쳐도 괜찮아. 박수 한 번이 우주 진화의 한 단계를 가리키는 거야.

우리는 들판에 넓게 퍼졌어. 들판은 우주고, 우리는 중력으로만 연결된 별들이야. 하나의 우주가 막 형성된 거지. 그리고 메트로놈(또는 손뼉)이 한 번 똑딱일 때마다 각자 가장 가까이 있는 사람에게로 한 발자국 다가갔어. 왜 그랬는지 알겠지? 중력에 이끌린 거야. 그러다가 아주 가까워지면 둘이서 쌍을 이루고, 가까이 있는 쌍들끼리 또 다가갔어. 역시 중력 때문이지. 얼마 지나지 않아 우리는 한곳에 모두 모였어. 우리가 은하가 된 거야!

우리는 여러 차례 같은 방법으로 중력 실험을 했어. 그때마다 다들 다른 지점에서 출발하거나 박자를 더 빠르게 해 보기도 했지. 하지만 실험은 매번 친구들로 이루어진 작은 우주에 새로운 모양의 은하가 만들어지며 끝났어.

이번엔 언니가 우리를 두 팀으로 나눴어. 팀마다 한 사람이 가운데에 서고, 나머지는 그 사람의 양쪽에 한 줄로 늘어선 다음 서로 손을 잡았어. 두 개의 나선 은하가 생긴 거지. 그런 다음 다시 메트로놈을 켜고, 우주 진화의 단계를 밟아 나갔어. 두 나선 은하가 각자 중심을 기준으로 회전하기 시작했지. 그러면서 동시에 중력에 이끌려 두 은하가 서로 점점 가까워졌어. 그리고 무슨 일이 일어났게? 두 은하가 충돌하고 말았어! 어떤 친구들은 다른 은하에 끼어들었고, 어떤 친구들은 따로 떨어져 나갔지. 두 나선 은하에서 출발했는데 완전히 다른 형태가 된 거야. 우리의 작은 우주는 한 은하로 합쳐질 때까지 진화했어.

언니는 은하들이 합쳐지는 모습을 망원경으로 찍은 사진과 우리가 이룬 은하를 비교해 보라고 했어.

➡ 은하의 다양한 모습을 보고 싶으면 129쪽을 펼쳐 봐.

이야기
빛과 시간과 우주의 탄생

우리가 사는 우주의 탄생에 관한 이야기는 정말 많아! 그런 이야기들을 어려운 말로 '우주 생성론'이라고 해.

언니가 아주 흥미로운 사실을 알려 줬어.

"수많은 문화권의 우주 생성론들이 모두 빛과 시간의 탄생으로 시작한다는 거 알고 있어?"

마야 문명의 신화에서는 시간의 탄생으로 우주가 시작돼. 신들이 땅과 하늘과 바다를 창조하고 난 후, 시간과 빛이 모든 것 위에 흘러넘쳤지. 그러자 땅과 하늘과 바다에 식물과 동물이 자라고, 바람이 불고, 마지막으로 사람이 살게 됐어.

빛이 질서를 가져왔다고 믿는 신화도 있어. 바빌로니아 신화에서는 하늘과 땅이 창조되기 전의 세상에는 어둠과 괴물만 가득했다고 해. 그러다 신 중 가장 고귀하고 강한 마르둑이 괴물 티아마트를 빛의 그물로 사로잡아서, 티아마트의 등으로 하늘을 만들고 배로는 땅을 만들었어. 이렇게 해서 바빌로니아 사람들의 세상이 생겨난 거야.

밤하늘을 보며 생각했어.
빛은 우주의 목소리라고.

잡을 수도, 멈출 수도 없어
공간을 가로지르다가 별에 부딪치고
행성을 살짝 건드리고는
내 눈에 다다라서
우주의 이야기를 들려주는
날쌘 전령.

눈을 뜨면 보이는 별과 행성도
빛이 전해 준 소식!

내 눈동자는
빛의 소식을 기다리며
활짝 열린 문.

세 번째 이야기
우주와 빛

밤하늘을 보고 있으니 너무 아름다워서 잠이 안 오는 거 있지. 다행히 오늘은 일찍 잠들지 않아도 괜찮은 날이야. 그래서 아까부터 언니랑 몇 시간째 별을 보던 중이었는데, 갑자기 이런 생각이 떠오르지 뭐야.

"언니, 하늘에서 빛이 사라지면 어떻게 돼?"

"아무것도 안 보이겠지. 더 중요한 건, 우주에서 무슨 일이 벌어지는지 하나도 모르게 된다는 거야."

언니가 대답했어.

"왜 모르는데?"

"왜냐하면 빛은 우리한테 우주의 모든 걸 말해 주거든. 지구에 도달하는 빛은 저마다의 역사와 이야기를 품고 있어. 그래서 빛을 보면 최근에 일어난 사건뿐 아니라, 아주 먼 과거에 일어난 일도 알 수 있지. 우리가 보는 빛 중에는 가까운 별에서 출발한 젊은 빛도 있고, 저 멀리 있는 별에서 온 오래된 빛도 있으니까. 빛을 분석해서 빛이 통과해 온 물질이 어떤 특성을 지녔는지도 알 수 있어. 심지어는 별의 화학 성분도 알아낼 수 있다고! 물질이 블랙홀 주위를 회전할 때 무슨 일이 생기는지, 우주가 아주 어렸을 때 물질이 어떻게 흩어져 있었는지 알려 주는 것도 빛이야."

"빛이 그렇게 대단한 일을 하는지 몰랐어!"

"맞아, 정말 대단하지. 빛은 우주 연구에 꼭 필요한 든든한 지원군이야! 자, 이제 눈을 크게 뜨고 잘 봐야 해. 우주를 알려면 먼저 하늘 관찰부터 해야 하니까. 빛에 대해서도 좀 더 공부해야 하고."

우리는 어떻게 볼까?

기원전 500년 무렵, 고대 그리스의 피타고라스 학파가 처음으로 시각에 대한 가설을 세웠어. 이 학파의 철학자들은 우리 눈에서 뜨거운 광선이 발사되어 물체를 때리기 때문에 물체가 보이는 거라고 믿었지. 이 가설이 사실이라면 우리는 어둠 속에서도 볼 수 있어야 해.

그로부터 1,500년쯤 지난 뒤에야 아랍 학자인 알하젠(965~1040)이 우리 눈은 빛을 내뿜는 게 아니라 받아들인다는 걸 알아냈어. 우리는 물체에 반사된 빛이 우리 눈에 닿아야 볼 수 있어. 사진을 찍을 때도 같은 일이 일어나. 빛을 받아들이는 게 눈이 아니라 카메라인 점이 다르지만 말이야.

우주를 여행하는 빛

진공 속에서 빛은 똑바로 직진해. 하지만 우주를 여행할 때는 장애물을 만나서 방향을 바꾸거나 완전히 가로막히기도 하지. 예를 들어, 먼지나 가스가 빽빽하게 모여 있는 구역에서는 빛도 나아가지 못하고 갇혀 버려. 따라서 안개가 몹시 짙게 낀 곳에서는 멀리 있는 물체들이 보이지 않아.

➡ 우주에도 먼지가 있냐고? 그럼, 물론이지! 4장에서 더 자세히 이야기해 줄게.

빛의 속도로!

빛은 진공 속에서 1초에 약 30만 킬로미터를 이동해. 이 세상에서 가장 빠르지! 이게 얼마나 빠른 건지 예를 들어 볼게. 태양은 지구에서 1억 5000만 킬로미터쯤 떨어져 있어. 엄청나게 멀게 느껴진다고? 태양 다음으로 우리와 가장 가까운 별인 프록시마 켄타우리는 태양에서 40조 킬로미터나 떨어져 있는걸! 아무튼, 시속 100킬로미터로 나는 우주선을 타고 태양까지 가려면, 170년이 지나도 도착하지 못해. 하지만 빛은 이 거리를 약 8분이면 갈 수 있지!

❗ 1600년대 초에 있었던 일이야. 이탈리아 과학자 갈릴레오 갈릴레이는 빛의 속도에도 한계가 있고, 그래서 빛이 한 지점에서 다른 지점으로 이동하는 데 시간이 걸린다고 생각했어. 그리고 그 생각을 실험으로 증명하려고 했지.
어느 날 밤, 갈릴레이는 제자와 함께 등불을 들고 각자 1.5킬로미터쯤 떨어진 두 언덕으로 올라갔어. 그리고 언덕에 오르기 전에 제자한테 이렇게 말했어.
"내가 등불을 켜면, 그 빛이 보이는 즉시 너도 등불을 켜거라."
서로의 등불 빛이 상대방의 눈까지 이동하는 시간을 측정하려고 한 거지. 실험이 성공했을까? 아니, 결과는 실패였어. 빛의 속도를 재기에는 두 언덕이 너무 가까웠거든. 하지만 얼마 뒤에 갈릴레이의 생각이 옳다는 게 밝혀졌어.

빛을 멈춘 물리학자 레네 하우

레네 하우(1959~)는 어렸을 때부터 수학을 좋아했대. 그중에서도 물체를 머릿속에 그리는 데 도움이 되는 기하학에 관심이 많았지. 레네가 얼마나 똑똑했는지, 고등학교 마지막 학년을 건너뛰고 바로 대학교에 들어가서 물리학을 공부했다지 뭐야.

레네는 대학교에서 여러 해 동안 아주아주 작은 입자와 원자를 다루는 양자 물리학을 공부했어. 특히 아주 작은 규모에서 이 세계가 어떻게 작동하는지에 관한 생각에 푹 빠져 살았는데, 그 생각에 너무 집중하는 바람에 옷을 입은 채로 샤워를 한 적도 있대.

2001년, 마흔두 살이 된 레네는 그때까지 아무도 하지 못한 일을 해냈어. 1초도 안 되는 짧은 시간이었지만 빛을 멈추게 했다가 다시 움직이게 한 거야! 그건 미래 통신 산업에 혁명을 일으킬 아주 중요한 발견이었어.

레네는 자신의 업적이 부모님 덕분이라고 말했어.

"내 부모님은 과학자가 아니에요. 아버지는 난방 엔지니어고, 어머니는 가게에서 일해요. 두 분 모두 내가 하고 싶은 걸 하게 해 주었어요. 여자라고 오빠와 차별하지도 않았지요. 두 분이 내가 성장할 수 있는 튼튼한 디딤돌이었어요."

❶ 빛의 속도를 가진 컴퓨터

컴퓨터를 비롯한 전자 기기들은 전자의 운동으로 작동해. 레네 하우가 멈추게 한 빛은 광자로 이루어져 있지. 레네의 발견 덕분에, 머지않은 미래에는 전자 대신 광자를 사용하는 컴퓨터를 만들게 될 거래.
광자 컴퓨터는 말 그대로 빛처럼 빠를 거야!

거리가 먼 만큼 더 오래된 과거

태양에서 출발한 빛이 우리한테 도달하는 데는 8분 정도가 필요해. 그러니까 우리가 보는 태양은 8분 전의 모습이라는 뜻이지. 만약 태양이 갑자기 사라진다고 해도, 우리는 8분이 지나서야 그 사실을 알아차리게 될 거야.

다시 말해, 우리가 보는 건 별의 현재가 아닌 과거 모습이야. 태양보다 더 멀리 떨어진 별에서 오는 빛은 더 오랜 시간을 여행해서 지구에 도착할 테니, 어쩌면 우리가 보는 별은 이미 사라지고 없을지도 몰라.

하늘을 재는 자

천체들 사이의 거리는 정말 엄청나게 멀어. 지구에서 하듯이 킬로미터 단위를 써서 거리를 표현하려면, 0이 어마어마하게 많은, 아주 긴 숫자를 써야 해. 그래서 간단하게 '광년(光年)'이라는 단위를 쓰지. 1광년은 빛이 1년 동안 이동한 거리로, 약 9조 5000억 킬로미터야.

킬로미터를 미터와 센티미터로 나누는 것처럼, 광년도 광초, 광분처럼 더 작은 단위로 나눌 수 있어. 예를 들어, 지구와 태양 사이의 거리는 약 8광분이야.

우리가 관측 가능한 우주와 지구로부터 천체들까지의 거리

지구

달
1.3광초

태양
8.3광분

명왕성
5.4광시

프록시마 켄타우리
4.2광년

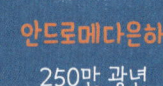
안드로메다은하
250만 광년

우주는 얼마나 클까?

우주의 나이는 약 138억 살이야. 이 말은 우리가 관측할 수 있는 빛 중 가장 멀리서 온 건 138억 광년 거리를 달려왔다는 뜻이지. 그보다 멀리서 출발한 빛이 있더라도 시간이 부족해서 지구에 도달하지 못했을 테니, 관찰할 수 없는 거야.

하지만 우주가 줄곧 팽창해 온 덕에, 최초의 빛이 출발한 지점도 원래보다 멀어졌어. 138억 광년이던 거리가 470억 광년까지 벌어졌지. 결국 우리는 지구를 중심으로 반지름이 470억 광년인 구만큼의 우주를 관측할 수 있게 됐어. 그걸 '우리가 관측 가능한 우주'라고 불러. 왜 우리라는 말을 붙이냐고? 우주의 모든 지점마다 관측할 수 있는 우주가 달라서야.

조심할 게 있어! 관측 가능한 우주와 우주 전체를 혼동하면 안 돼. 470억 광년 너머에도 우주 공간은 여전히 존재하니까. 우주에는 중심도 없고 끝도 없거든!

GN-z11 은하
320억 광년
(지금까지 관찰한 것 중 가장 멀리 있는 은하야.)

관측 가능한 우주의 반지름 = 470억 광년

➲ 우리가 관측할 수 있는 **가장 오래된 빛**이 뭔지 궁금하면, 38쪽을 다시 읽어 봐.

지구로부터 470억 광년을 날아가면, 지구에서 관측할 수 있는 우주의 경계에 도착해. 지구에서는 그 경계 너머는 볼 수 없지.

하지만 그 경계를 넘어가도 수많은 은하와 성단과 분자 구름으로 이루어진 우주는 계속 이어져. 물론 우리는 볼 수 없지만 말이야. 거기에서 출발한 빛이 아직 지구에 도착하지 못했기 때문이지.

과거에서 온 빛

태양에서 출발한 빛은 8분이 지나서야 지구에 도착하니까, 우리가 보는 건 8분 전의 태양이야. 마찬가지로 우주 어딘가에서 지구를 볼 때도 시간의 차이가 생겨.

외계인이 자기 행성에서 망원경을 들여다보다가, 아주 멀리 떨어진 작은 점, 그러니까 지구에 사는 우리를 발견했다고 상상해 봐. 외계인이 보는 건 우리의 과거 모습일 거야. 외계인이 있는 행성이 지구에서 멀리 떨어져 있을수록 더 오래된 과거를 보게 되겠지.

250만 광년 떨어진 안드로메다은하에서 누군가 지구를 관찰한다면, 원시 시대가 막 시작될 무렵에 호모 하빌리스가 처음으로 돌을 깨려고 시도하는 모습을 보게 될 거야.

4,000광년 떨어진 큰개자리 VY 주위를 도는 행성의 외계인은 바빌로니아가 제국으로 발전하는 모습을 보겠지. 망원경 성능이 좋다면 이집트 피라미드도 보일 텐데! 그보다 조금 더 가까운 별인 데네브의 외계인은 어린 피타고라스가 처음으로 삼각형에 대해 배우는 모습을 볼지도 몰라. 알비레오를 공전하는 행성에서는 바닥 공사가 한창인 밀라노 대성당을 보고 아름답다고 생각할 거고, 미라크에서는 쇼팽이 데뷔 무대에 오르는 모습을 볼 수 있어. 물론 소리는 안 들릴 테지만.

글리제 625 근처를 비행하는 외계인은 우리와 함께 21세기의 시작을 축하할 수도 있어! 외계인이 지구의 이웃 별인 시리우스 A 근처에 산다면, 엉금엉금 기거나 자전거를 타며 웃는 8년 전쯤의 널 보고 있을 거야.

약 50억 년 전에 지구에서 **출발한 빛은 지금쯤** CL 0303+1706A 은하에 닿았을 거야. 바로 지금, 거기 사는 외계인은 지구의 어떤 모습을 보고 있을까?
아마 태양계가 만들어지는 순간이겠지!

우리 말고 우주의 다른 생명체가 궁금하다면 8장에서 이야기해 줄게.

 8광년
시리우스 A 네가 엉금엉금 기는 모습

 21광년
글리제 625
21세기의 시작!

 200광년
미라크 쇼팽의 데뷔 무대

 433광년
알비레오 바닥 공사가 시작된 밀라노 대성당

 2,600광년

데네브 피타고라스의 어린 시절

 4,000광년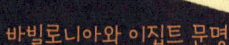
큰개자리 VY 바빌로니아와 이집트 문명

안드로메다은하

250만 광년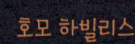
호모 하빌리스

우주의 색깔

우리 눈은 빛의 파장 중 일부만 볼 수 있는데, 파장에 따라서 다른 색깔로 보여. 가장 긴 파장은 빨간색, 가장 짧은 파장은 보라색으로 보이지. 둘 사이의 파장들은 아름다운 무지개 색깔로 나타나.

❗ 빨간색, 주황색, 노란색, 초록색, 파란색, 남색, 보라색은 자연에 존재하는 빛 파장의 일부일 뿐이야. 나머지 파장에 대해서는 나중에 이야기해 줄게.

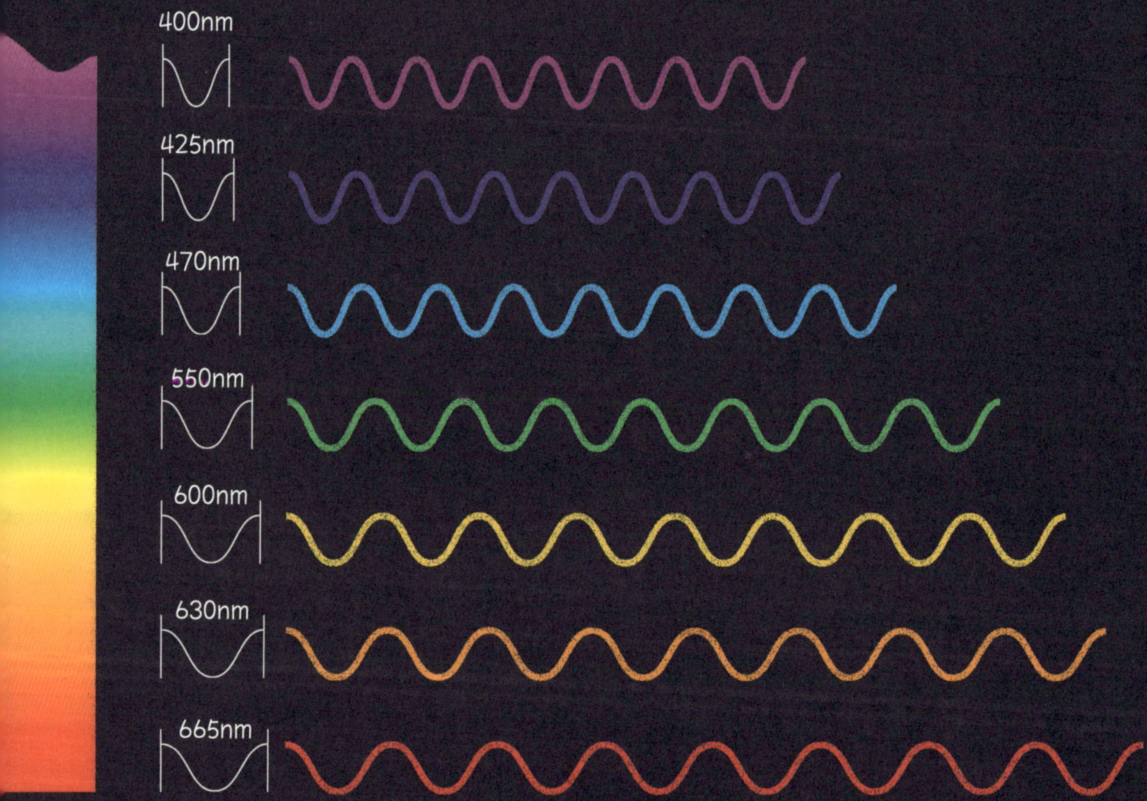

400nm
425nm
470nm
550nm
600nm
630nm
665nm

우리가 볼 수 있는 빛을 '가시광선'이라고 하는데, 가시광선은 파장이 매우 짧아. 박테리아 몸길이와 비슷하고, 머리카락과 비교하면 그 지름의 100분의 1쯤 되지. 이렇게 짧은 길이를 측정할 때는 '나노미터(nm)'라는 단위를 사용해. 1나노미터는 10억분의 1미터, 즉 0.000000001미터야.

스스로 내는 빛, 반사하는 빛

별은 전구나 촛불처럼 스스로 빛을 내. 그건 온도가 아주 높은 별 내부에서 원자핵들이 서로 융합하기 때문인데, 그걸 '핵융합'이라고 불러. 반면 행성은 스스로 빛을 내지 못해. 그런데도 밤하늘에서 밝게 빛나는 건 자신이 공전하는 별의 빛을 반사하기 때문이야.

➡ 핵융합에 대해서 더 알고 싶지 않니? 그럼 100쪽을 읽어 봐.

달은 우주의 거울

우리는 매일 천체의 빛을 보며 살고 있어. 아침이면 어김없이 떠오르는 태양과 밤하늘의 별들 그리고 달 말이야. 달은 스스로 빛을 내지는 못하지만, 햇빛을 반사해 빛나지. 태양에서 나온 빛이 달을 비추고 다시 반사되어 우리한테 오는 덕분에, 우리가 달의 밝은 표면과 크레이터를 볼 수 있어. 달이 반사하는 빛이 얼마나 밝은지 궁금하다면, 보름달이 뜬 밤에 밖으로 나가 봐. 손전등이 없어도 얼마든지 주변을 볼 수 있을 테니까!

❗ 늘어나고 줄어드는 달

달이 산 위로 막 떠오를 때는 엄청나게 커 보이는데, 하늘 높이 뜬 달은 작아 보이잖아. 아마 너도 이런 경험을 해 본 적이 있을 거야. 사실 달은 언제나 같은 거리만큼 떨어져 있고 크기도 항상 같은데, 왜 이렇게 보이는 걸까? 그건 우리 뇌가 일으키는 달 착시 때문이야. 달이 하늘 높이 떠 있을 때는 우리 뇌가 달을 어두운 밤하늘에 떠 있는 작은 물체로 인식하지만, 지평선 가까이에 있으면 무의식적으로 주변의 나무, 집, 산 등과 비교해서 더 크다고 생각하는 거래.

❗ 달은 타원형의 궤도를 따라 지구를 공전해. 그래서 때에 따라서 가까워지기도 하고, 멀어지기도 하지. 달이 지구와 가장 가까울 때(근지점) 우리가 보는 달의 크기도 가장 커. 이걸 슈퍼 문 현상이라고 해.

무지개가 떴다!

너희는 그림을 그릴 때 태양을 어떤 색으로 칠하니? 난 노란색을 많이 써. 그런데 실제 태양 색깔은 그렇지 않대. 햇빛은 빨간색부터 보라색까지의 파장으로 이루어져 있어. 그 모든 색깔을 합하면 흰색이 돼. 말하자면 태양의 진짜 색깔은 흰색인 셈이지.

이 흰색 빛은 빛을 굴절시키는 매질을 통과하면 다시 여러 가지 색깔로 분리돼. 우주선이나 달에서 바라본 태양은 흰색이지만, 지구에서는 노란색으로 보이는 것도 지구엔 매질인 대기가 있기 때문이야. 비가 내릴 때도 그런 일이 일어나. 대기의 빗방울이 햇빛을 굴절시키면, 짠! 무지개가 나타나지!

아름다운 파란 하늘

햇빛이 지구 대기를 통과할 때, 파란색 계열의 빛은 우리 눈에 직접 도달하지 못해. 대기에 섞인 입자들에 부딪혀서 사방으로 흩어지지. 이런 걸 '산란'이라고 해. 산란된 파란색 빛이 사방에서 우리 눈으로 들어오기 때문에 어느 쪽을 바라보든 하늘이 파랗게 보이는 거야. 하지만 달에 착륙한 우주 비행사가 보는 하늘은 검은색이야. 왜 그럴까? 그건 달에 대기가 없어서 산란이 일어나지 않기 때문이지.

해가 뜨고 질 때 보이는 노을
해가 뜨거나 질 때 보이는 노을도 햇빛이 대기를 통과하면서 생기는 산란 현상의 결과야. 달에서는 숨 막히게 아름다운 노을을 절대로 볼 수 없을걸!

붉은 행성, 화성

물체 표면이 어떤 물질로 이루어져 있느냐에 따라서 그 물체가 흡수하거나 반사하는 빛이 달라져. 예를 들어서 초록색 사과는 초록색을 뺀 나머지 빛을 다 흡수하고, 초록색 빛만 반사해. 망원경으로 관찰한 화성이 붉게 보이는 것도 같은 이유야. 화성 표면의 산화 철이 태양의 붉은색 빛을 반사하거든. 이런 특징 때문에 화성에 '붉은 행성'이라는 별명이 붙은 거야.

⤴ 화성인 이야기는 어떻게 생겨났을까? 궁금하다면 169쪽으로 가 보자.

❗ 대기는 지구를 지키는 보호막이야. 지구로 떨어지는 유성과 해로운 방사선으로부터 우리를 지켜 주지. 혹시 오존층에 구멍이 났다는 말 들어 봤니? **오존**은 산소 원자 세 개로 이루어진 분자인데, 지구 대기에는 오존으로 이루어진 층이 있어. 오존층은 지구에 생명체가 살 수 있게 햇빛 속의 해로운 광선을 막아 주는 역할을 하지. 그런데 사람들이 대기로 배출한 오염 물질 때문에 최근 수십 년 동안 오존층이 아주 얇아졌고, 남극 하늘의 오존층에는 구멍까지 뚫리고 말았어. 우리는 토양뿐 아니라 대기도 소중하게 가꿔야 해. 대기가 없으면 우리도 살 수 없으니까!

함께 해 보기
뉴턴의 색 바퀴

언니가 무지개의 일곱 색깔로 어떻게 흰색을 만드는지 실험으로 보여 주겠다고 했어. 그러면서 두꺼운 흰색 종이와 빨주노초파남보, 일곱 색깔 펜을 책상에 올려놓으며 말했지.

"일곱 가지 무지개색을 섞어 보자!"

너도 해 보고 싶다고? 그럼 먼저 두꺼운 종이에 오른쪽 그림을 그대로 따라 그려 봐. 색깔에 따라서 칸의 크기가 다른데, 그것도 똑같이 따라서 그려야 해. 그다음에 종이를 원 모양으로 자르고, 한가운데에 구멍을 뚫어. 마지막으로 뚫은 구멍으로 연필을 반쯤 밀어 넣으면 돼.

준비됐지? 이제 언니 말대로 해 봐.

"이게 '뉴턴의 색 바퀴'야. 두 손으로 색 바퀴를 팽이처럼 아주 빨리 돌리면 색깔이 섞일 거야."

내가 열심히 색 바퀴를 돌리자 점점 새로운 색깔이 나타났어! 그리고 마침내….

"흰색이다!"

실험 성공! 어때? 넌 무슨 색깔이 보이니?

함께 해 보기
빨강, 초록, 파랑 세 가지면 충분해!

언니랑 나는 한참 동안 색 바퀴 이야기를 하다가, 새로운 색깔 놀이에 도전했어! 우리는 손전등 세 개를 가져다 앞쪽에 빨간색, 초록색, 파란색 셀로판지를 꼼꼼하게 붙였어.

"이제 불을 끄자."

전등을 끄고 손전등을 벽에다 비추었더니, 세 가지 색의 동그란 빛이 생겼지. 처음에는 세 원을 완전히 겹치게 했다가, 나중에는 아래 그림처럼 일부분만 겹치게 해 봤어.

그랬더니 세 색깔이 모두 겹친 곳은 흰색이 되었고, 두 색깔만 겹친 곳에는 노란색, 밝은 자주색, 밝은 파란색이 나타나지 뭐야!

신기하게 바라보는 나에게 언니가 설명해 줬어.

"빨간색, 초록색, 파란색 빛을 다양한 비율로 섞으면 수많은 색깔을 만들 수 있어. 컴퓨터 화면도 이 세 가지 색깔을 섞어서 표현한 거야. TV 화면에 나오는 화려한 색깔도 마찬가지고. 놀랍지 않니?"

별은 무슨 색깔일까?

별을 맨눈으로 볼 땐 전부 흰색으로 보이지? 하지만 실제로 별들은 색깔이 여러 가지야. 망원경으로 자세히 살펴보면, 별의 색깔이 다양하다는 걸 알 수 있지.

시리우스 A처럼 희게 보이는 별도 있고, 베가처럼 푸르게 보이는 별도 있어. 카펠라는 노란색이고, 아르크투루스는 주황색, 베텔게우스와 알데바란과 안타레스는 붉은색이지. 성능이 좋은 망원경으로 보면 색깔의 차이를 더 잘 구분할 수 있을 거야.

별의 색깔은 왜 이렇게 다양할까? 88쪽을 읽으면 알 수 있어.

별 색깔 사냥

구름이 없고 달도 뜨지 않은 밤, 망원경으로 하늘을 올려다보면 갖가지 색의 별이 보여.

언니랑 나는 달마다 달라지는 별자리를 보여 주는 지도를 들고 밖으로 나갔어. 나침반과 스마트폰 앱으로 방향을 찾은 다음, 별 색깔 사냥을 시작했지.

우리는 가장 먼저 붉은 별 베텔게우스와 파란 별 리겔을 찾았어. 둘 다 오리온자리에 있는 별이야. 오리온자리는 11월부터 이듬해 5월까지 도시에서도 쉽게 관찰할 수 있어. 동쪽에서 떠오르는 두 별을 본 다음엔 시리우스 A를 찾았어. 시리우스 A는 하늘 전체에서 가장 밝은 흰색 별이야. 시리우스 A는 지구 어디에서나 볼 수 있으니까 너도 한번 찾아 봐!

도나 스트리클런드가 일으킨 레이저 혁명

도나 스트리클런드(1959~)는 1969년 캐나다 토론토에 있는 온타리오 과학 센터에서 처음으로 레이저를 봤어. 그날 열 살짜리 도나한테 아버지가 이렇게 말했지.
"도나, 이게 바로 미래란다!"
그때부터 레이저와 사랑에 빠진 도나는 레이저 물리학을 공부하기로 다짐했대.
열정적인 연구 끝에, 도나는 26살 때 제라르 무루 교수(1944~)와 함께 특수 증폭 기술을 발명했고, 그 기술을 이용해 매우 강하고 아주 짧은 파동으로 이루어진 레이저를 개발했어. 이 기술은 물리학계뿐만 아니라 산업과 의료 분야에서도 대혁명을 일으켰지. 스마트폰에 사용되는 아주 얇은 스크린과 시력 교정에도 이 레이저가 쓰여.
도나 스트리클런드는 이 업적으로 2018년에 노벨 물리학상을 받았어. 지난 120년 동안 이 상을 받은 과학자 중 여성은 도나를 포함해 세 명뿐이야.
도나는 노벨상 시상식이 끝난 뒤에 젊은 과학자들에게 이렇게 당부했어.
"누군가 여러분이 받아들일 수 없는 말을 하거든, 여러분이 옳고 그 사람이 틀렸다고 믿고 앞으로 나아가세요. 나도 언제나 그렇게 행동했습니다."

❗ 레이저는 딱 한 가지 파장으로만 이루어진 광선으로, 파장에 따라서 색깔이 달라. 예를 들어, 초록색 레이저는 파장이 0.00000053미터인 광선이야.

우리의 특별한 눈

세상에는 우리 눈이 감지할 수 있는 가시광선 말고도 우리가 보지 못하는 빛이 존재해. 햇볕을 쬐면 따뜻하지? 그때 우리 몸을 데워 주는 건 적외선이야. 바닷가에서 놀 때 선크림을 바르는 건 자외선으로부터 우리 피부를 보호하기 위해서지.

맨눈으로 적외선과 자외선을 보는 동물들도 있어. 순록에게는 자외선이 보여. 그 덕분에 북극과 가까워 빛이 잘 들지 않는 어두운 환경에서도, 눈밭에 숨어서 자신을 노리는 늑대와 맛있는 이끼를 쉽게 찾을 수 있대.

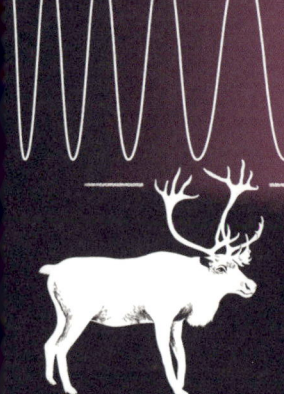

어떤 뱀들은 적외선을 볼 수 있어서, 온혈 동물의 몸에서 나오는 열기, 즉 적외선을 보고 먹잇감을 찾아내지. 적외선은 가시광선을 가로막는 장애물도 쉽게 통과해. 우리가 두꺼운 플라스틱 방수포 뒤에 숨어 있어도 우리 몸에서 나오는 적외선은 방수포를 통과하지. 그러니까 뱀은 숨어 있는 우리를 훤히 볼 수 있을 거야!

세상에는 이와 비슷한 능력을 가지고 살아가는 동물들이 많아. 예를 들어, 바다의 물고기들은 빨간색보다는 파란색이나 보라색 빛에 더 민감한데, 파장이 긴 빨간색 빛은 흡수하고 파장이 짧은 파란색 빛은 통과시키는 바닷물에 적응해서 그래.

가시광선만 존재하는 게 아니야.
파장과 온도가 다른 빛이 또 있지.
그리고 누가 보는지도 중요해.
아마 믿기 힘들걸?
뱀이 보는 세상은 우리와 다르다는 걸.

❗ 자연에 존재하는 모든 빛 파장을 **전자기 스펙트럼**이라고 불러. 가장 짧은 파장부터 가장 긴 파장까지 순서대로 세우면 이렇게 돼. 감마선, 엑스선, 자외선, 가시광선, 적외선, 마이크로파, 전파.

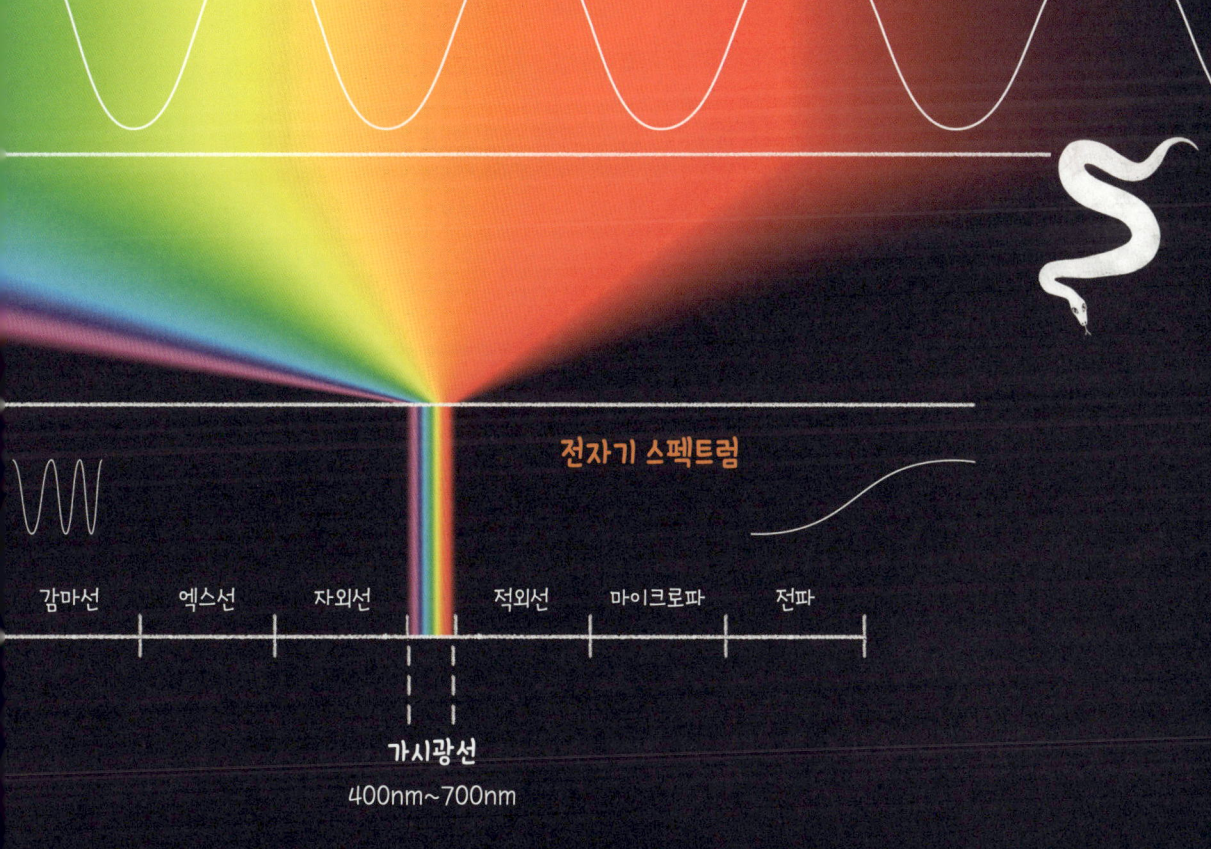

전자기 스펙트럼

감마선 | 엑스선 | 자외선 | 적외선 | 마이크로파 | 전파

가시광선
400nm~700nm

우주를 바라보는 다양한 시선

"우주를 연구하는 데에는 모든 빛이 다 중요해. 빛마다 다른 정보를 알려 주거든."
언니가 이게 무슨 말인지 설명해 줬어.
"카메라로 네 사진을 찍으면 네 겉모습과 옷이 나오잖아. 적외선 카메라로는 뭐가 보이는 줄 알아? 네 몸에서 나오는 열이 찍혀. 엑스선은 네 피부를 통과해 뼈까지 보여 주겠지!

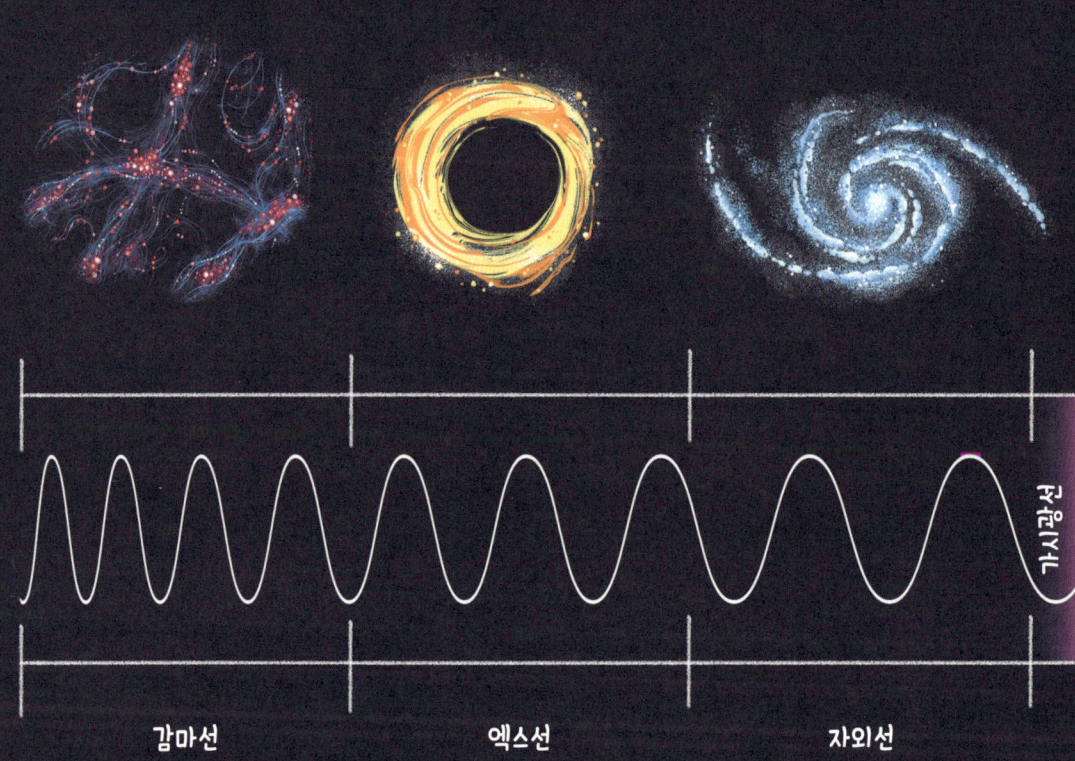

감마선
암흑 물질을 찾는 데 쓰이는 파장이 가장 짧은 빛이야. 얼마나 짧냐고? 원자 하나의 지름보다도 더!

엑스선
감마선보다 파장이 아주 조금 더 길어. 블랙홀을 탐사하는 데 필요한 빛이야.

자외선
물 분자를 1,000개쯤 늘어놓을 수 있을 만큼의 길이야. 은하를 구성하는 물질을 조사할 때 써.

우주도 똑같아. 카메라로 은하를 찍으면 별빛을 볼 수 있고, 적외선 카메라로는 우주의 짙은 먼지 뒤에 숨은 별들이, 엑스선 카메라로는 은하 중심에 있는 블랙홀까지 보이거든.

　우주에서 지구로 오는 모든 빛을 포착하기 위해서, 과학자들은 각 파장을 볼 수 있는 망원경을 만들었어. 눈과 장비가 많으면 많을수록 우주에서 더 많은 걸 발견할 수 있으니까."

⤴ 블랙홀이 궁금하겠지만 6장까지만 꾹 참아!

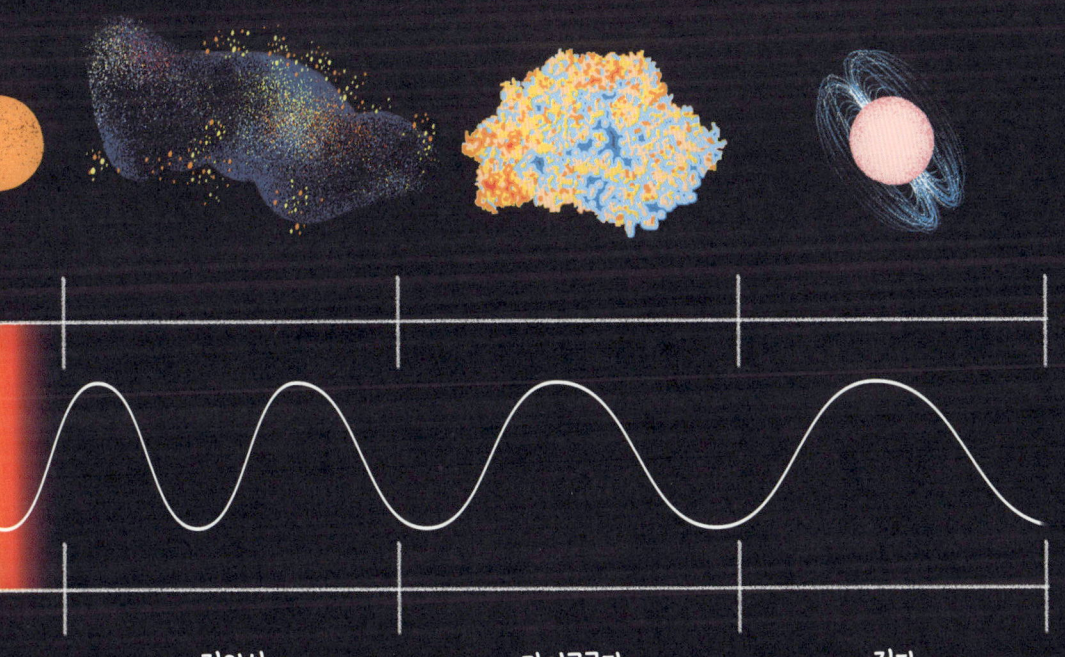

적외선
파장이 약 1밀리미터야. 우주의 먼지 구름을 통과할 수 있어서, 은하에서 별이 만들어지는 구역을 탐사하는 데 유용해.

마이크로파
파장 하나에 네 손가락이 하나쯤 들어갈 거야. 마이크로파를 이용해서 초기 우주에 대해 셀 수도 없을 만큼 많은 사실을 발견했어. 우주 배경 복사가 가장 대표적이지.

전파
파장이 가장 긴 빛이야. 파장이 네 키만큼 긴 것도 있고, 나무만큼, 심지어 에베레스트산 높이만큼 긴 것도 있어! 전파는 아주 빠르게 회전하는 별인 펄서를 연구하는 데 쓰여.

밤하늘은 왜 어두울까?

우주에는 밝은 빛을 내뿜는 별들이 저렇게나 많은데, 왜 밤하늘은 환하지 않고 어두운 걸까? 1610년에 요하네스 케플러(1571~1630)도 같은 질문을 던졌지만, 우리가 그 답을 알게된 건 1920년대에 에드윈 허블이 우주가 팽창한다는 사실을 발견한 이후의 일이야.

우주가 팽창하면서 은하들이 서로 점점 멀어지면, 은하의 별들에서 나오는 빛은 더 붉게 보여. 이 현상을 '적색 편이'라고 부르지. 이런 현상이 일어나는 건 우주가 팽창하면서 빛의 파동을 길게 늘이기 때문이야. 아까 배운 것처럼 파장이 긴 빛은 붉은색이잖아.

은하가 더 멀리 떨어져 있을수록 빛의 파장이 더 길어지고, 그만큼 적색 편이도 심하게 일어나. 그래서 멀리 떨어진 별에서 오는 빛은 가시광선 영역을 벗어나서 우리가 볼 수 없는 적외선 영역으로 들어가 버리지. 그런 별들은 특수한 적외선 망원경으로만 볼 수 있어. 말하자면 우리는 별빛의 일부만 보고 있는 거야. 그래서 우리 눈에는 별들 사이의 공간이 어둡게 보이는 거고. 만약 우리가 모든 빛을 볼 수 있다면 태양이 뜬 낮보다 밤하늘이 밝을걸?

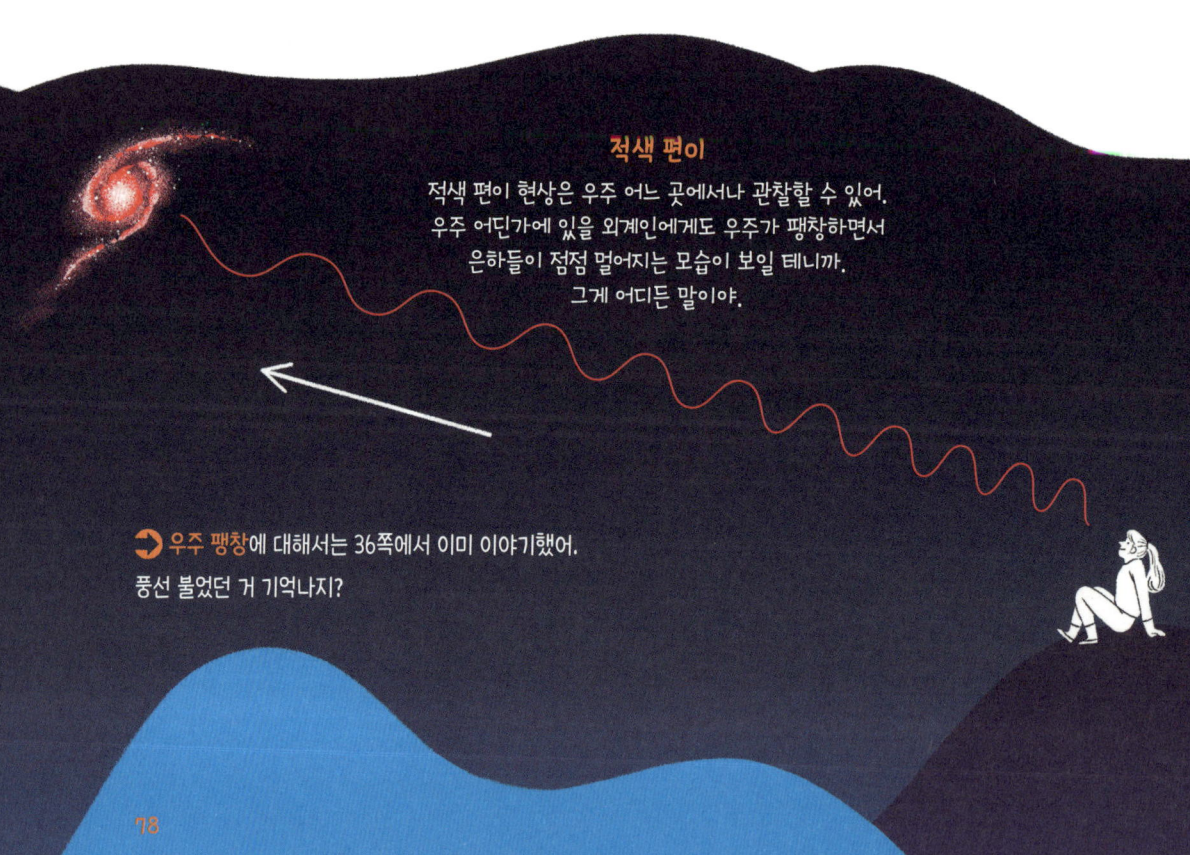

적색 편이
적색 편이 현상은 우주 어느 곳에서나 관찰할 수 있어. 우주 어딘가에 있을 외계인에게도 우주가 팽창하면서 은하들이 점점 멀어지는 모습이 보일 테니까. 그게 어디든 말이야.

➲ 우주 팽창에 대해서는 36쪽에서 이미 이야기했어. 풍선 불었던 거 기억나지?

움직이는 물체에서 나오는 파동

별이 우리한테서 점점 멀어지면, 그 별에서 나오는 빛의 파장이 점점 길어져. 그에 따라서 별이 더 붉게 보이는 게 '적색 편이' 현상이라는 건 이해했지? 반대 현상은 없냐고? 물론 있지! 만약 별이 우리한테로 나사오면 빛의 파장이 짧아지면서, 그 별이 더 파랗게 보이는 '청색 편이'가 일어날 거야.

이런 현상을 '도플러 효과'라고도 부르는데, 이 원리로 별이 이동하는 속도를 계산할 수 있어. 도플러 효과는 모든 파동에 적용돼. 소리도 파동이니까 당연히 적용되지. 구급차가 지나가는 거 본 적 있니? 그렇다면 너도 이 현상을 경험했을 거야. 구급차가 가까이 다가올 때는 사이렌 소리가 높아지고, 멀어질 때는 낮아지잖아. 파장에 따라서 빛의 색깔이 다른 것처럼, 소리의 높낮이도 파장에 따라 달라져서 그래.

❗ 과학자들은 적색 편이 값을 측정해서 오늘 우리가 보는 빛이 언제 방출된 건지 계산해. 예시를 한번 살펴볼까?
우리가 아는 은하 중에서 가장 먼 GN-z11 은하의 적색 편이 값은 약 11이야. 이 값을 아주 복잡한 계산식에 대입하면, 그 은하에서 출발해 지금 지구에 도착한 빛은 우주가 4억 살밖에 안 되었을 때 방출되었다는 결과가 나온대. 그때 우주의 크기는 지금의 3퍼센트 정도였을 거야.

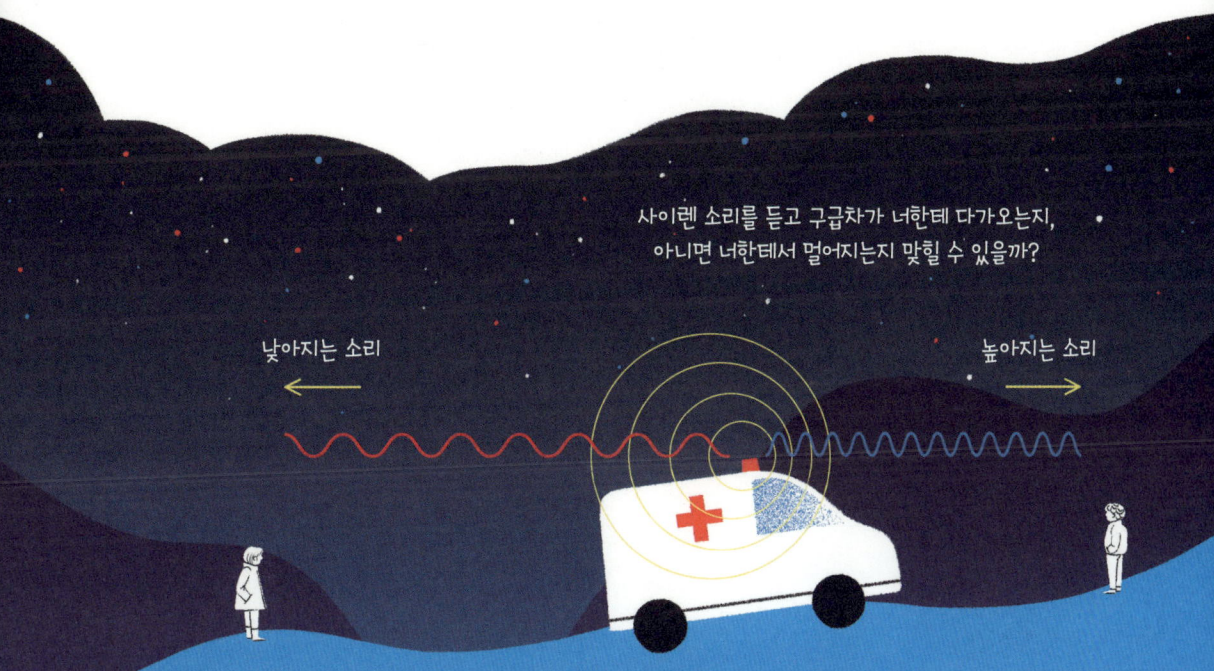

사이렌 소리를 듣고 구급차가 너한테 다가오는지, 아니면 너한테서 멀어지는지 맞힐 수 있을까?

낮아지는 소리 ← → 높아지는 소리

하늘을 바라보는 또 다른 눈, 망원경

맨눈으로 하늘을 보는 건 아주 멋진 일이야. 하지만 하늘을 보는 또 다른 방법이 있지. 바로 망원경이야. 망원경(望遠鏡)은 '멀리 보는 기구'라는 뜻인데, 이걸 쓰면 좋은 점이 두 가지나 돼. 첫째, 망원경이 물체를 확대해 주니까 멀리 떨어진 별과 은하의 황홀한 모습도 볼 수 있어. 맨눈으로는 절대 못 보는 풍경이지. 둘째, 망원경으로는 사진을 찍어 기록을 남길 수 있어. 누구나 그 사진을 몇 번이고 들여다보면서 새로운 걸 발견할 수 있으니 얼마나 좋아!

나는 빛을 연구하고
지구 너머를 바라보았지.

그러다 알게 됐어.
왜 하늘이 파랗고, 왜 별들은 여러 색깔인지.
태양이 노랗지 않다는 것도.

이제 더 멀리 보고
더 많이 알고 싶어!

우리 눈과 망원경의 한 종류인
'굴절 망원경' 사이에는 공통점이 정말
많아. 깜짝 놀랄 정도로 말이야.
한 가지 예로, 우리 눈의 망막에는 빛을 포착하는
'원추 세포'와 '간상 세포'가 있는데, 망원경에도 같은
역할을 하는 이미지 센서가 달려 있어!

❗ **망원경**으로 별을 관찰한 최초의 과학자는 갈릴레오 갈릴레이야. 그 시기의 망원경은 요즘 아마추어 관측자들이 쓰는 것보다도 성능이 떨어졌어. 비록 갈릴레이가 망원경을 발명한 사람은 아니지만, 망원경으로 하늘을 관찰하겠다고 생각한 건 그가 처음이었대!

모든 빛을 보는 망원경들

지구 대기는 우주로부터 지구에 도달하는 빛 중 가시광선과 전파를 뺀 거의 모든 빛을 흡수해 버려서, 지구에서는 광학 망원경과 거대한 안테나를 지닌 전파 망원경으로만 우주를 관찰할 수 있어. 그중 가장 큰 것은 중국에 있는 지름 500미터짜리 전파 망원경(정식 명칭은 '직경 500미터 전파 망원경'이야. 'FAST'라고도 하지.)이야. 산 위에 이 망원경을 건설하는 데 2011년부터 2016년까지 5년이나 걸렸어.

멀리 떨어진 전파 망원경들을 서로 연결해서 연구에 사용하기도 해. 전 세계 곳곳에 있는 전파 망원경들을 연결하면, 지구만 한 전파 망원경으로 하늘을 관찰하는 효과를 낼 수 있거든. 실제로 '사건의 지평선 망원경'이라는 프로젝트에서 이 방법으로 최초로 블랙홀 사진을 찍었다고! 역시 힘을 합치면 무슨 일이든 멋지게 해낼 수 있는 법이지!

그렇지만 우주의 온전한 모습을 보려면 지구 대기가 흡수하는 빛도 관찰해야 해서, 망원경을 우주에 설치해야 해. 하나로는 모자라. 각 파장에 맞는 망원경이 따로따로 필요하니까.

적외선 망원경은 광학 망원경과 비슷하지만, 뜨거운 물체가 방출하는 빛을 관찰하기 위해 액체 질소나 헬륨으로 언제나 차갑게 냉각해야 해. 그래서 처음부터 수명이 정해져 있지. 액체 질소 같은 냉매를 다 소비하면 온도가 올라가고, 그러면 망원경을 더 이상 쓸 수 없게 되거든. 허셜 우주 망원경도 이런 운명을 피하지 못했어. 4년 내내 쉬지 않고 일하면서 냉각에 필요한 액체 헬륨 2,300리터를 몽땅 써 버리고는, 2013년에 은퇴했지.

▶ 지구 최초의 블랙홀 사진이 보고 싶다고?
145쪽에서 볼 수 있어.

거대 쌍안 망원경
미국 애리조나주의 그레이엄산 위에서 가시광선을 관찰해.

장기선 간섭계(VLA)
여러 대의 전파 망원경으로 이루어져 있어.
미국 뉴멕시코주에 있지.

페르미 우주 망원경
감마선을 관측하는 우주 망원경이야.

허블 우주 망원경
가시광선, 적외선, 자외선을 관측하는 우주 망원경이야.

허셜 우주 망원경
적외선 우주 망원경으로, 2013년에 작동을 멈췄어.

플랑크 우주 망원경
2009년부터 2013년까지 마이크로파를 관측했어.

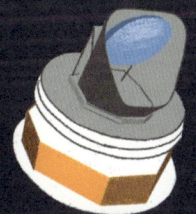

찬드라 우주 망원경
엑스선을 관측하는 우주 망원경이야.

초거대 망원경(VLT)
현재 사용할 수 있는 망원경 중 가시광선을 가장 민감하게 포착하는 망원경이야. 칠레 아타카마 사막에 있는 파라날 고원 위에 지었어.

아타카마 대형 밀리미터 집합체
파장이 밀리미터 영역인 빛을 관찰하는 곳 중 가장 강력한 관측소야. 칠레 아타카마 사막 차흐나토르 고원에 있어.

베테랑 우주 조사관

허블 우주 망원경은 지구에서 547킬로미터 떨어진 궤도를 시속 27,300킬로미터로 돌고 있어. 길이 13미터가 조금 넘는 이 망원경은 대기가 없는 곳에 있는 덕분에 가시광선, 자외선, 적외선을 방출하는 물체를 관측할 수 있지.

허블 우주 망원경은 약 10년에 걸쳐서 우주의 한 부분을 반복해서 찍었어. 보름달 크기의 10분의 1보다도 좁은 구역을 말이야. 약 200만 초, 그러니까 23일이 넘는 긴 노출 시간과 민감한 장비 덕분에, 허블은 그 좁은 곳에서만 은하를 거의 5,500개나 찾아냈어!

허블이 포착한 은하들 중 몇몇은 정말 멀리 떨어져 있어서 우주가 지금의 20분의 1 크기밖에 안 되었던, 빅뱅 후 약 7억 년이 지났을 때 모습을 보여 주기도 한다지 뭐야.

작동을 시작한 1990년부터 지금까지, 우주 왕복선 승무원들이 다섯 차례나 투입되어 허블을 수리하고 장비를 교체했대.

❗ **우주 왕복선**은 우주와 지구를 왔다 갔다 할 수 있는 우주선이야.

어젯밤 내 꿈에 망원경들이 나왔어.
모두 눈을 크게 뜨고 태양풍을 맞으며
우주를 가로질렀지.
안테나를 활짝 열어
은하를 관찰하고
우주의 비밀을 풀고
먼지 뒤에 숨은 별들을 찾아서
별자리 지도 위에 새로운 별빛을 심어 놓았어.
별과 은하의 생일, 보이지 않는 블랙홀을 발견하는 것도
망원경들의 임무.
그들이 보내오는 작은 실마리와 숫자들과 비밀스러운 사진들,
그걸 보는 내 심장이 방망이질하듯 뛰었어.
마치 내가 거기까지 간 것 같아서.

네 번째 이야기
하늘을 수놓은 별

"별들도 어디선가 태어나는 거라고? 그럼 나처럼 생일도 있겠네?"
"어떤 면에서는 그렇다고 할 수 있지. 지금부터 별들이 어디에서 어떻게 만들어지는지 이야기해 줄게. 내 이야기를 듣다 보면, 너와 나 그리고 지구에 사는 모든 사람이 사실은 별들과 공통점이 아주 많다는 걸 알게 될 거야. 기대해, 깜짝 놀라게 될 테니까!"

색깔은 별 온도를 재는 온도계

하늘에서 반짝이는 별들을 언뜻 보면 모두 똑같아 보이지만, 실제로는 색깔이 다 다르다고 얘기했지? 별의 색깔을 결정하는 건 별의 표면 온도야. 표면 온도가 높으면 별이 파랗게 보여. 에너지 대부분을 파란색 파장으로 방출하기 때문이지. 반대로 온도가 낮은 별은 우리한테 빨갛게 보이는 파장으로 에너지를 방출해.

별은 뜨거운 것부터 차가운 것까지 OBAFGKM, 이렇게 7가지 유형으로 분류해. 영어 문장을 하나 외워 두면 쉽게 기억할 수 있어. "Oh, be a fine girl(guy), kiss me." O형이 가장 뜨거운 파란 별이고, M형이 가장 차가운 붉은 별이지.

유형마다 알파벳 옆에 0부터 9까지 숫자를 붙여서 더 세밀하게 분류하는데, 숫자가 높을수록 별 온도는 더 낮은 거야. 예를 들어 시리우스 A는 A1, 독수리자리의 알타이르(견우성)는 A7인데, 두 별 모두 A형이지만 시리우스 A의 온도가 더 높다는 뜻이지. 이런 분류 방식을 '하버드 분류법'이라고 불러.

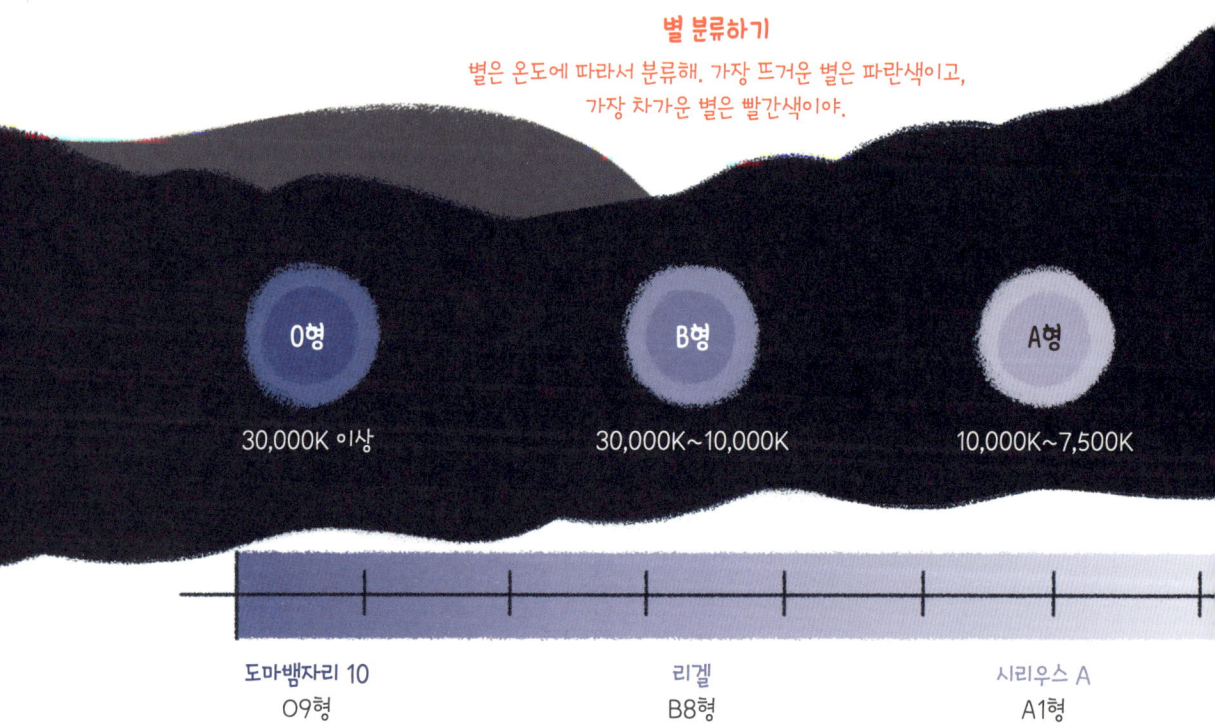

별 분류하기
별은 온도에 따라서 분류해. 가장 뜨거운 별은 파란색이고, 가장 차가운 별은 빨간색이야.

하버드 분류법

20세기 초, 하버드 대학교 천문대에서 일하던 윌리어미나 플레밍(1857~1911), 안토니아 모리(1866~1952), 애니 점프 캐넌(1863~1941)은 천문대장이 수집한 목록 속의 별들을 샅샅이 조사했어. 그리고 결국 모든 별을 알파벳과 숫자를 결합해 유형별로 분류하는 체계를 찾아냈지. 수십 년 후, 세실리아 페인가포슈킨(1900~1979)이 별 색깔이 표면 온도를 보여 준다는 점에 착안해서, 별 색깔을 온도계처럼 활용하는 아이디어를 처음으로 생각해 냈어. OBAFGKM에 온도와 색깔을 결합한 거야.

하버드 분류법을 만든 건 시대를 앞서 나갔던 이 여성 과학자들이었어.

❗ **상상하기 힘든 열기**

체온을 표현할 때는 섭씨온도(단위는 ℃야.)를 쓰지만, 별의 온도는 절대 온도(단위는 K, 켈빈이라고 읽어.)를 써. 별의 온도는 우리가 일상에서 접하는 것과는 차원이 달라. 평소에 체온이 39℃만 되어도 뜨겁게 느껴지지? 노랗게 일렁이는 300℃의 장작불은 엄청나게 뜨거울 거야. 하지만 그 정도 온도로는 별과 비교도 안 돼. 별의 온도는 3,000K(약 2,726℃)에서 50,000K(약 49,726℃)까지 올라가거든.

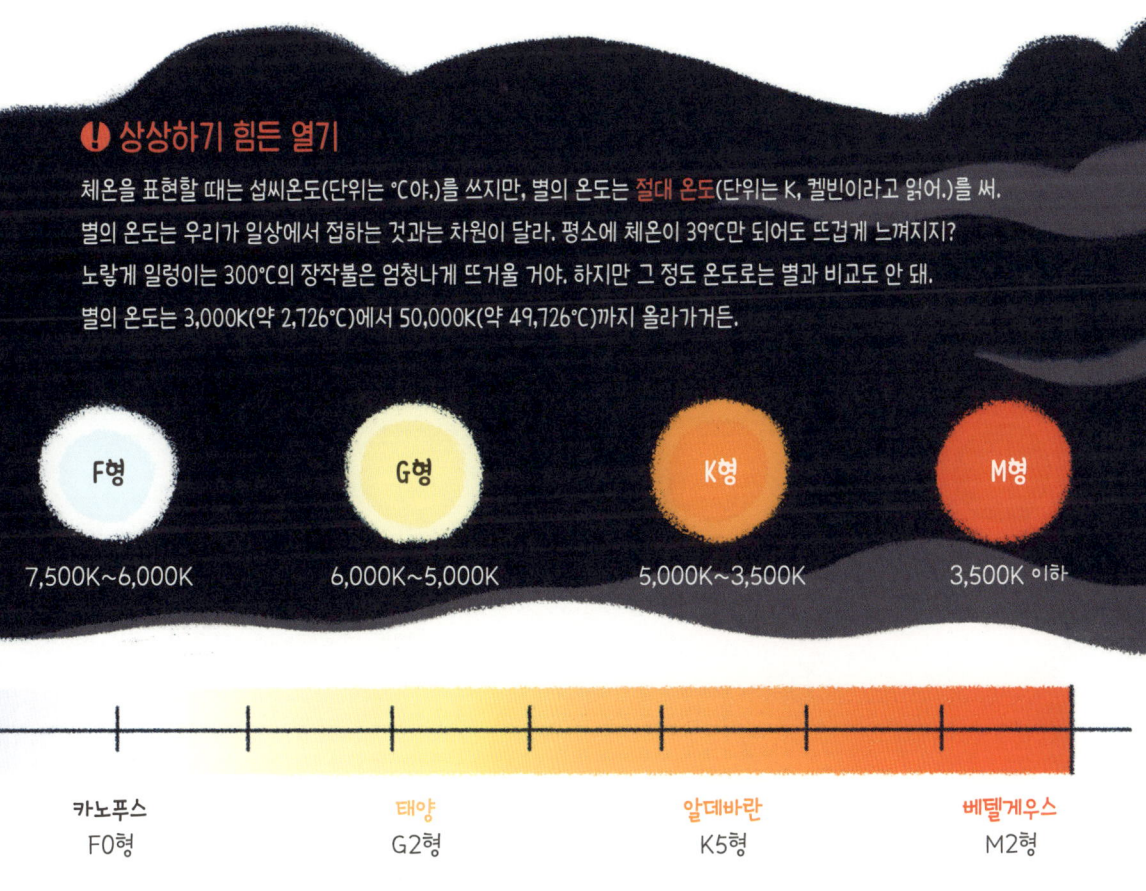

은하의 어두운 공간

우리은하의 별과 별 사이에는 가스와 먼지가 어마어마하게 많아. 그 가스와 먼지를 '성간 물질'이라고 부르지. 진짜 먼지냐고? 맞아! 침대 밑처럼 우주에도 먼지가 있단다.

수백억 개에서 수천억 개나 되는 먼지 알갱이들이 새끼손톱만 한 공간 안에 빽빽이 모이면 그 안에 분자가 만들어지는데, 이런 걸 '분자 구름'이라고 해. 그중에서도 밀도가 정말 높은 분자 구름엔 '암흑 성운'이라는 다른 이름을 붙여. 그 이름처럼 지구에서는 까맣게 보이기 때문이지. 암흑 성운 속에도 별이 숨어 있긴 하지만, 별빛이 먼지 구름을 통과하지 못해서 우리한테 보이지 않아. 그 별빛을 흡수한 암흑 성운은 뜨거워지면서 적외선을 방출해.

한눈에 보는 우리은하

이 그림은 우리은하 전체를 나타낸 거야. 무수한 별들이 모여 있는 밝은 부분과 가스와 먼지로 이루어진 암흑 성운이 보이지? 암흑 성운이 별빛을 삼켜 버려서, 그 안이나 뒤쪽에 있는 별들은 가시광선만 포착하는 망원경으로는 관찰할 수 없어. 암흑 성운 안에서 무슨 일이 벌어지는지 알아내려면, 허셜 우주 망원경이나 스피처 우주 망원경처럼 적외선에 민감한 망원경이 필요해.

❗ 은하수를 바라보면 별들이 서로 가까이 붙어 있는 것처럼 보이잖아. 하지만 **두 별 사이의 평균 거리**는 무려 5광년이나 된다는 사실.

❗ 별들 사이에 존재하는 **성간 먼지**는 별들이 죽기 직전에 항성풍으로 방출하거나 초신성 폭발이 일어나 생긴 거야. 이 먼지는 정말 다양한 물질로 이루어져 있어. 바닷가 모래와 비슷한 것도 있고, 연필심으로 사용하는 흑연으로 된 먼지도 있어.

❗ 은하수에 있는 별들은 대부분 태양과 질량이 비슷해. **태양보다 무거운 별**은 드물어. 하늘에서 별 100개를 무작위로 골라 무게를 재면, 태양보다 10배 이상 무거운 별은 다섯 개도 안 된대.

➡ 왜 은하수는 **길고 좁은 띠처럼** 보일까? 120쪽에서 정답을 찾아 봐.

➡ 106~107쪽에서 **초신성**을 처음 만나게 될 테니까 기대해!

분자 구름

분자 구름의 가스는 대부분 수소 분자, 즉 쌍을 이룬 수소 원자들로 이루어져 있어.

그중에는 '거대 분자 구름'이라는 정말 큰 분자 구름도 있는데, 광속으로 달려도 한쪽 끝에서 다른 쪽 끝까지 가는 데 몇백 년이나 걸리는 것도 있대. 길이가 몇 광년밖에 안 되는 비교적 작은 분자 구름은 '보크 구상체'라고 불러. 이걸 발견한 천문학자 바르트 얀 보크(1906~1983)의 이름을 따온 거지.

우주를 떠도는 성간 먼지는 굴뚝에서 나는 연기와 비슷한, 지름이 약 0.000001센티미터인 미세한 입자로 이루어져 있어. 과학자들은 적외선 망원경으로 아주 먼 별 주위에서 적외선을 방출하는 성간 먼지를 포착했어. 우주 전체에 이런 먼지가 어마어마하게 퍼져 있대.

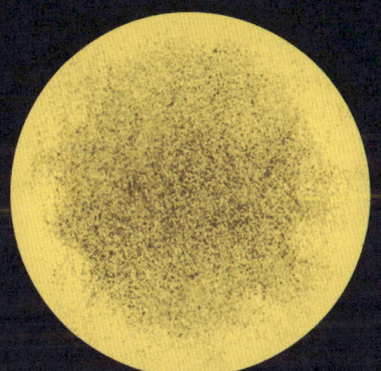
성간 먼지

굴뚝 연기

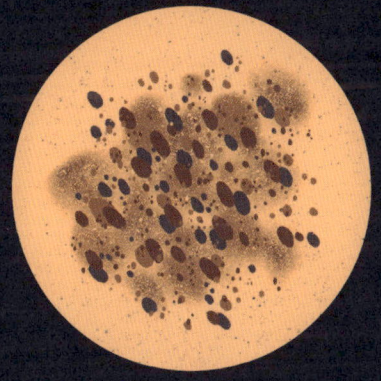
소파 밑에 쌓인 먼지

우주는 가장 훌륭한 선생님이야.
우주 선생님이 가르쳐 주었지.
이 세상에서 가장 크고 가장 거대한 것들이
가장 작고 가장 미세한 것과
연결되어 있다고.
별 사이를 떠도는 먼지와 별 말이야.
보이지 않는 중력이
보이는 모든 것들을 묶어 준다는 것도
우주가 가르쳐 준 사실.
2000억 개의 별들이
은하를 이루어 빙빙 돌아가지만
단 하나도 도망가지 않는 건
중력의 품에 있어서지.

❗ 크기 비교

성간 먼지 알갱이 1,000개를 나란히 이어 놓으면 머리카락 두께와 비슷해!

함께 해 보기
여기 숨은 건 누구?

우리는 인터넷에서 암흑 성운 사진을 찾아서 성운이 뭘 닮았는지 상상해 보는 놀이를 했어. 하늘의 별을 보며 했던 것처럼 말이야. 너도 암흑 성운 사진을 인터넷에서 찾아 봐. 그게 뭐처럼 보이는지 함께 이야기해 보자.

바너드 33, 줄여서 B33은 오리온자리에 있는 암흑 성운이야. 딱 보면 왜 B33에 '말머리성운'이라는 별명이 붙었는지 느낌이 올 거야! 난 연 하나가 구름 사이로 날아가는 것처럼 보이는데, 넌 어때? 아래 그림은 뱀주인자리에 있는 B72 성운인데, 이걸 보니까 뭔가 떠오르지 않아? 이게 뱀이라는 사람도 있고, S자로 보인다는 사람도 있어. 내 눈에는 해마 같은데….

이번에는 B68 성운을 찾아 볼래? 이 작은 성운엔 '검은 구름'이라는 별명이 붙었어. 챙이 달린 모자나 오리 부리처럼 보이기도 한다는데, 난 척! 엄지를 세운 손 같아. 넌 어떻게 보이니?

별이 자라는 곳

우리은하와 비슷한 은하들의 나선 팔에도 암흑 성운들이 있는데, 천문학자들은 늘 궁금해 했어. "저기에 무엇이 숨어 있을까?" 적외선 망원경으로 암흑 성운을 들여다본 과학자들은 깜짝 놀랐어. 세상에! 그 안에서 별이 태어나고 있었거든. 암흑 성운은 아기 별들이 일생의 첫 단계를 보내는 공간이었던 거야.

❗ 거대 분자 구름들은 거대한 중력으로 은하수를 회전하는 별들의 궤도에 교란을 일으켜. 이 교란 작용이 은하 원반이 일정한 두께로 형성되는 원인 중 하나래.

❗ 천문학자 에드워드 버나드(1857~1923)가 1919년에 암흑 성운 182개를 관찰해 목록으로 정리했어. B72, B68처럼 과학자들이 암흑 성운을 부를 때 쓰는 번호는 버나드가 목록을 만들 때 붙인 거야.

➡ 은하에 나선 팔이 있다고? 118쪽 그림을 보면 그게 뭔지 알게 될 거야.

별의 탄생

가끔 분자 구름 안쪽에 물질이 가득 찬 구역이 생겨. 중력이 가스와 먼지를 자꾸만 끌어당기니까 시간이 지나면서 한곳에 잔뜩 모이는 거지. 분자 구름은 수축을 거듭하다 결국 붕괴해서 여럿으로 나뉘고, 그때 가스가 뭉쳐서 거대한 가스 공이 생겨. 점점 밀도가 높아지고 뜨거워진 가스 공의 중심에서는 엄청나게 많은 물질이 모인 덩어리가 형성되는데, 그게 바로 '원시별'이야. 원시별은 중력으로 주변 물질을 끌어당겨서 점점 질량을 늘려. 나중에 별 주위를 돌게 될 행성들은 원시별 주변에 남아 있는 물질에서 생기기 시작하지. 원시별의 온도가 1000만K, 그러니까 999만℃ 이상까지 치솟으면 핵융합이 시작돼. 비로소 별이 탄생하는 거야!

포유동물들의 임신 기간이 저마다 다르다는 건 너도 알지? 코끼리 암컷은 새끼를 2년 가까이 배 속에 품고 있지만, 도끼의 임신 기간은 고작 한 달 정도야. 마찬가지로 별이 탄생하는 데 걸리는 시간도 전부 달라. 신기한 건 별들의 세계에서는 작은 별이 만들어지는 데 필요한 시간이 큰 별보다 훨씬 길다는 거야. 태양과 비슷한 별이 형성되려면 수백만 년이 걸리지만, 태양보다 15배나 무거운 별은 10만 년밖에 안 걸리거든.

핵융합이 시작되면, 양성자가 한 개인 수소들이 결합해 양성자가 두 개인 헬륨으로 바뀌면서 어마어마한 에너지를 만들어 내. 별이 불타면서 별 표면에서는 우리가 보는 빛 에너지를 방출하지. 태양에서 지구로 오는 햇빛도 바로 그런 에너지야.

가스와 먼지로 이루어진 분자 구름

태양과 닮은 별의 탄생

분자 구름에서 밀도가 가장 높은 부분이 중력 때문에 붕괴하면 원시별 구름이 생겨. 자기 축을 중심으로 회전하는 원시별 구름 한가운데로 가스가 모여 원시별이 되고, 그 주변엔 가스 원반이 생기지. 시간이 지나면 가스 원반의 질량도 점점 늘어나게 돼. 그러다가 별이 불타기 시작하면, 원반 일부는 증발해 버리고 남은 물질이 모여서 행성들이 되는 거야.

원시별의 질량이 너무 작으면, 정확히는 태양 질량의 10분의 1보다 작으면, 온도가 충분히 올라가지 않아서 핵융합이 일어나지 못해. 이런 원시별은 '갈색 왜성'이 되고 말아. 뜨겁지도 않고 목성보다 약간 클 뿐인, 불그스름한 '실패한 별'이 되는 거지.

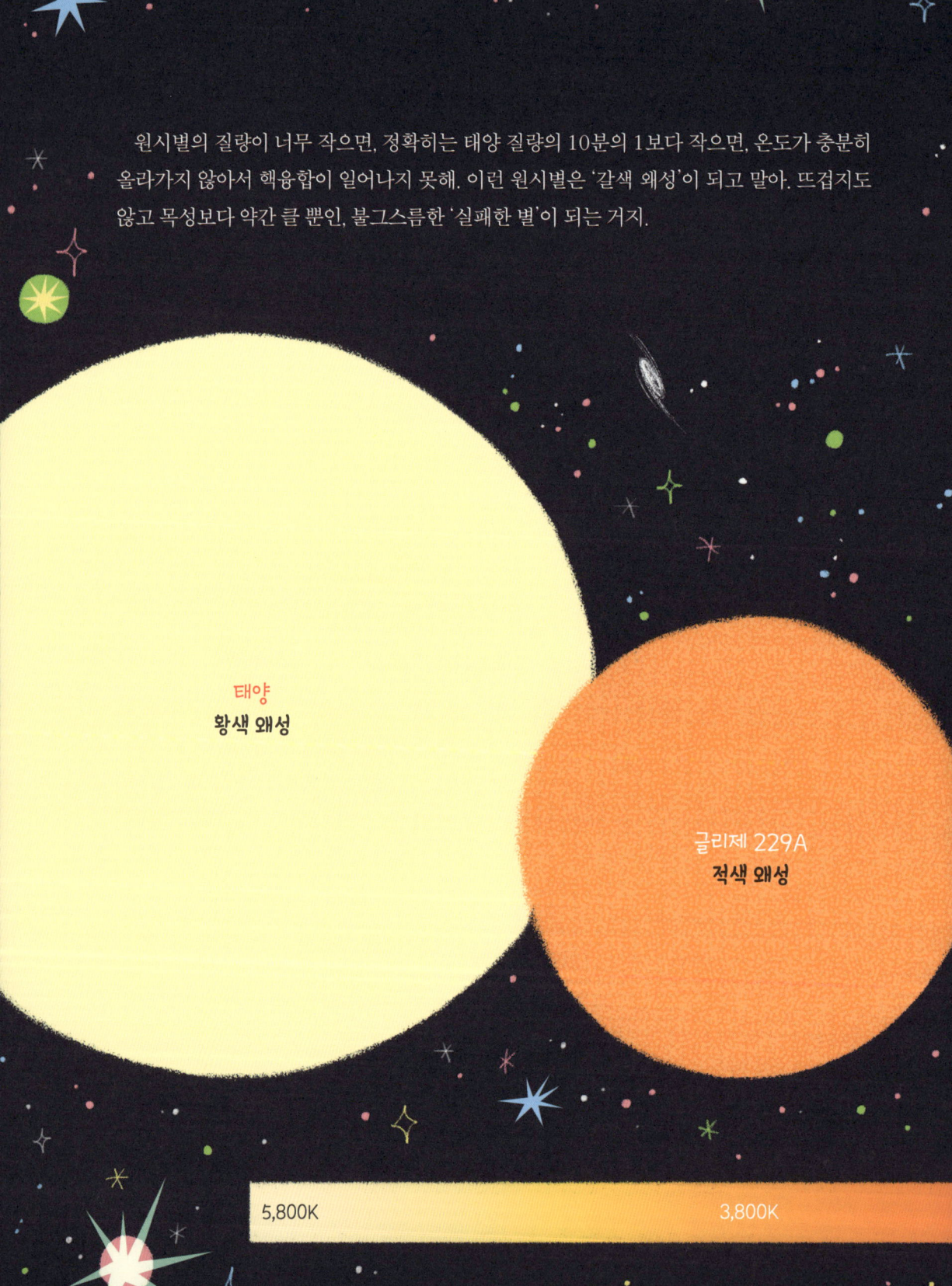

별의 어린 시절은 불보다 뜨겁게 시작해.
별 한가운데서 끊임없이 벌어지는
원자핵들의 융합.
나이가 들수록 변하는 건 당연한 일.
어린 별은 자라면서
가벼운 것을 무겁게 하고
아무도 손댈 수 없는
엄청난 에너지를 내뿜네. 그래서

빛나고, 빛나고, 또 빛나.

 사실 이름과 달리 갈색 왜성은 우리 눈에는 붉은빛이 도는 주황색으로 보이고, 황색 왜성은 하얀색으로 보여. 태양처럼 말이야.

테이데 1
갈색 왜성

목성

 지구

2,900K   180K

우리에게 꼭 필요한 별 에너지

가벼운 원자들이 결합하여 무거운 원자가 되는 걸 핵융합이라고 하잖아. 그 과정에서 나오는 에너지가 얼마나 엄청난지, 별 내부에 가둬 둘 수가 없을 정도래. 이 에너지는 아주 강력한 전자기파인 감마선으로 방출되지. 감마선이 별에서 빠져나오려면 먼저 감마선이 생성된 핵을 통과해서 별 표면까지 이동해야 해. 그 과정에서 감마선은 별의 가스와 충돌하느라 에너지를 잃고 가시광선으로 변하지. 태양도 같은 방식으로 날마다 빛과 에너지를 생산해. 지구 생명체들은 그 도움을 받아서 사는 거야.

수소가 헬륨으로 바뀌는 핵융합은 별의 가장 깊숙한 곳에서만 일어나. 그곳 온도는 무려 수백만K까지 올라간다고! 핵융합 반응에서 양성자 한 개로 된 수소 원자핵 네 개가 양성자 두 개와 중성자 두 개로 이루어진 헬륨 원자핵으로 바뀌어. 그러려면 먼저 양성자 두 개가 중성자 두 개로 바뀌어야 하는데, 이때 중성미자가 생기지.

⚠ 태양의 수명

태양과 비슷한 별 속 수소 원자는 10^{57}개나 돼. 정말 어마어마하지? 1 뒤에 0이 57개나 붙는 거야! 태양이 지금 가지고 있는 수소를 모두 헬륨으로 바꾸려면 50억 년이 걸릴걸.

➡ 중성미자가 뭐냐 하면…
163쪽을 펼쳐서 읽어 봐.

➡ 다른 별들 주위를 도는 행성들에는 어떤 식물이 살까? 207쪽을 보면 알 수 있어.

기나긴 별의 일생

태어나서 죽을 때까지 별은 여러 변화를 겪어. 우리가 자라서 어른이 되는 것하고 비슷하지. 별은 핵융합으로 원소들을 '요리'하면서 거의 평생을 보내는 거지만 말이야.

젊은 별

별은 태어나자마자 수소를 헬륨으로 바꾸는 일을 시작해. 그러면서 젊은 시절을 보내지. 아직 젊은 별인 태양은 지금도 부지런히 수소를 요리하고 있고, 앞으로도 아마 50억 년 동안은 그 일을 하며 살 거야.

별의 수명은 내부의 수소를 다 소비하는 데 얼마나 걸리는지에 따라서 정해져. 수소를 연소하는 기간이 별의 생애 중 가장 큰 비중을 차지하는데, 이 기간은 별의 질량에 달려 있어. 질량이 작은 별들이 수소를 태우는 데 시간이 더 오래 걸리거든. 그러니까 질량이 작은 별이 큰 별보다 오래 사는 거지. 질량이 200양(2 뒤에 0을 30개나 붙여야 해!) 킬로그램인, 태양과 비슷한 별은 보통 100억 년쯤 살아. 질량이 태양의 10배인 별은 수소를 훨씬 빨리 소비해서 2000만 년밖에 살지 못해. 강력한 경주용 차가 작은 차보다 연료를 훨씬 많이 써 버리는 거랑 좀 비슷하다고 생각하면 돼. 질량이 태양보다 작은 별들은 130억 년을 넘게 산대.

➲ 태양에 대해 낱낱이 알고 싶다면 162~167쪽으로.

늙은 별

중심에 있던 수소를 다 소비한 별은 다른 원소들을 만들기 시작해. 연쇄 반응으로 헬륨이 탄소가 되고, 탄소는 산소가 되지. 마지막으로 철이 만들어질 때까지 이 과정이 이어져. 별의 질량이 클수록 그 별이 평생 생산하는 원소 종류도 늘어나지. 예를 들어, 철을 만들려면 태양보다 질량이 적어도 6배는 커야 해.

별도 사람처럼 조금씩 나이를 먹다가 결국은 죽는데, 죽기 전까지 몇 차례 모양과 크기가 변해. 죽기 바로 전에는 처음보다 몇백 배는 밝아지고 크기도 커진대. 태양보다 수십 배 큰 '적색 거성'이나 수백, 수천 배 큰 '적색 초거성'이 되는 거야.

거성과 초거성

거성과 초거성이 어떤 모습일지 상상이 되니? 아마 힘들걸. 그 둘은 우리가 이해할 수 있는 차원 너머에 있거든. 하지만 이런 별들을 서로 비교할 수는 있지.

지구에서 가장 가까운 거성은 아르크투루스야. 붉은 오렌지색인 이 별은 K형이고, 태양보다 25배 커. 전갈자리의 안타레스는 초거성으로, 태양보다 700배나 크지. 그리고 오리온자리의 베텔게우스는 태양계 전체만큼 커!

적색 거성 단계에 들어선 별들은 시간이 지나면서 점차 색깔이 변해. 별의 표면 온도가 올라가면서 노란색(작은곰자리의 북극성)이나 파란색(오리온자리의 리겔)으로 바뀌지.

❶ 모든 건 상대적이야

오른쪽 그림을 볼까? 첫 줄을 보면 지구가 수성보다 얼마나 큰지 알 수 있어. 그런데 다음 줄을 보면 그런 지구도 목성에 비하면 너무나 작다는 생각이 들지. 이제 셋째 줄을 봐. 태양계에서 가장 큰 행성인 목성도 태양 옆에 있으니 조그맣지? 시리우스 A와 비교하면 더 작아 보이고 말이야. 시리우스 A도 넷째 줄에 있는 알데바란과 비교하면…. 어휴! 끝이 없네. 나머지는 네가 직접 비교해 봐. 그리고 잊지 마! 모든 건 상대적이야.

함께 해 보기
별 모빌 만들기

오늘은 언니랑 문구점에 가서 붓이랑 물감을 샀어. 장바구니에 주황색, 파란색, 노란색, 빨간색 그리고 흰색 물감을 담았지.

"이거 다 별 색깔이지!"

내가 소리쳤어.

"맞아! 이걸로 우리만의 별을 만들자."

언니가 스티로폼 공들을 계산대에 올려놓으며 말했어.

"가장 큰 공으로 초거성을 만들고, 작은 공들로 왜성을 만드는 거야."

"색깔도 칠할 거지?"

"당연하지. 색깔로 별을 구분했던 거 기억하지? 가장 뜨거운 것부터 가장 차가운 것까지 순서가 어떻게 되더라?"

난 파란색, 흰색, 노란색, 주황색, 빨간색 물감을 차례차례 늘어놓으면서 대답했어.

"Oh, be a fine guy, kiss me!"

별은 어떻게 죽을까?

별이 연쇄 반응으로 여러 원소들을 만든다고 한 거 기억나지? 질량과 내부 온도에 따라서 원소를 만드는 능력이 별마다 달라. 태울 원소가 다 떨어지거나 별 중심부 온도가 더 무거운 원소를 태울 만큼 높아지지 않으면 핵융합 반응이 멈춰 버리기 때문이지. 그때가 오면 별은 더 이상 에너지를 생산하지 못하고 죽게 돼.

그렇다고 별이 진짜로 죽는다는 건 아니야. 변신하는 거지. 태양처럼 질량이 비교적 작은 별은 먼저 적색 거성이 되었다가 아름다운 '행성상 성운'이 돼. 이 단계에서 많은 가스가 별에서 떨어져 나가서 별 둘레에 거품을 형성하는데, 이 거품은 얼마 안 있어 아주 빠른 속도로

우주로 퍼져. 이렇게 퍼져 나간 물질이 행성상 성운이야. 성운 한가운데에는 '백색 왜성'이 남고, 작은 백색 왜성은 점점 어두워지다가 마침내 완전히 식어서 '흑색 왜성'으로 변하지.

철보다 무거운 원자들은 질량이 큰 별에서 만들어져. 그런데 이 과정은 핵융합과는 달라. 원자핵이 서로 합쳐지는 게 아니라, 양성자와 중성자를 흡수해서 더 무거운 원자가 되는 거거든.

질량이 태양보다 10배 정도 큰 별은 중심부가 철로 된 적색 초거성이 되었다가, 엄청나게 강력하고 아주 밝은 '초신성 폭발'로 삶을 마감하지. 이때 물질의 일부는 우주 공간으로 날아가고, 나머지는 밀도가 매우 높은 '중성자별'이나 블랙홀이 돼.

두 별이 짝을 이룬 '쌍성'이라면 작은 백색 왜성이라도 초신성 폭발을 일으킬 수 있어. 하지만 그때는 두 별이 완전히 파괴되어 우주 공간으로 산산이 흩어져 버려.

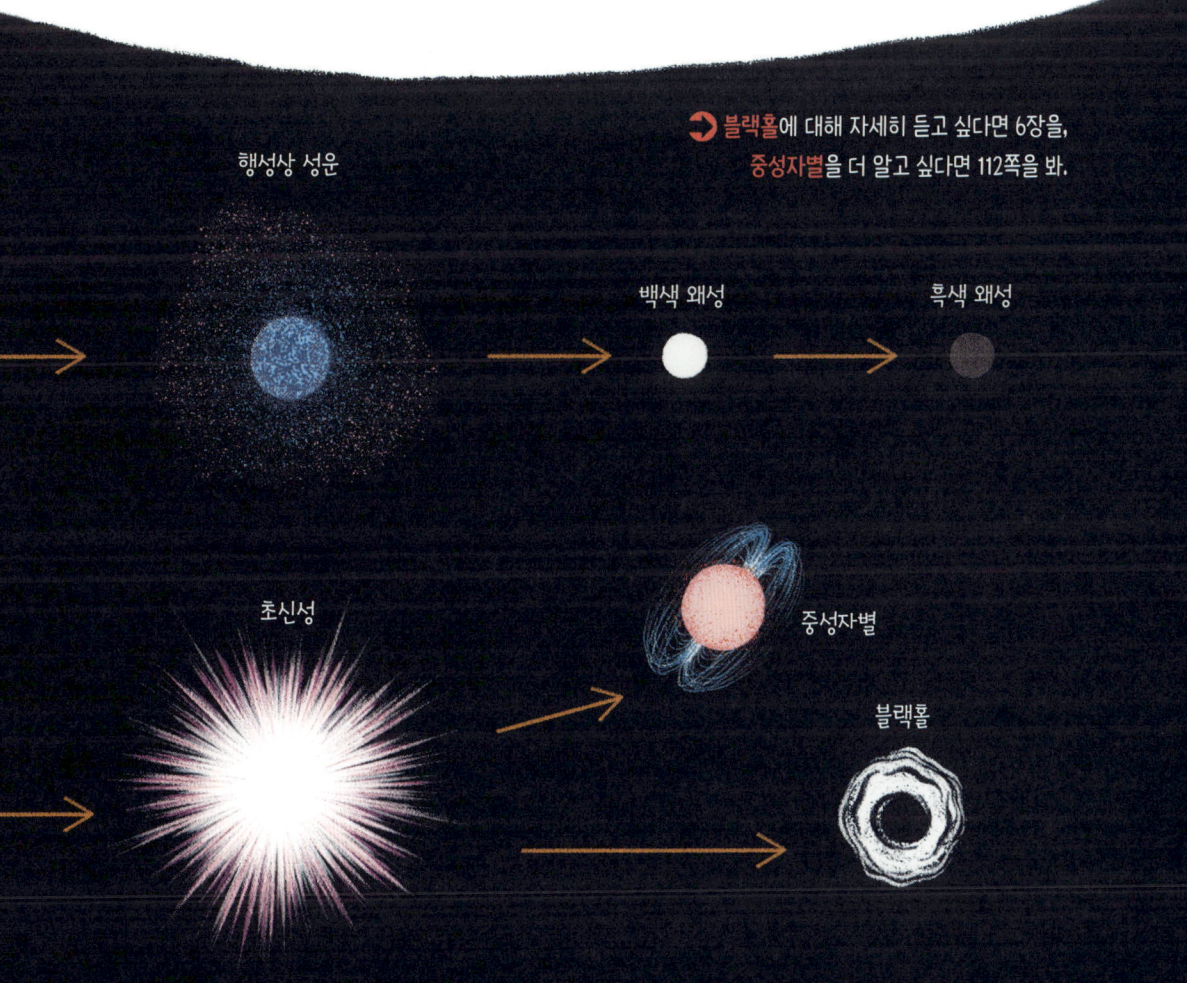

하늘에 빛이 나타났다!

환하게 빛나는 폭발

초신성은 별 수십억 개를 모아 놓은 것만큼 밝아. 폭발할 때는 은하 전체보다도 밝고 말이야. 초신성이 폭발하면서 우주로 방출하는 물질을 '초신성 잔해'라고 하는데, 그 모습은 마치 물감을 하늘에 뿌린 것 같대.

어떤 초신성은 너무 밝아서 낮에도 맨눈으로 볼 수 있었대!
1054년에 중국 사람들이 목격한 것(그 초신성의 잔해가 '게성운'이야.)과 1572년에 덴마크 천문학자 튀코 브라헤(1546~1601)가 발견한 '티코 브라헤 초신성', 1987년에 폭발한 초신성 1987A가 대표적인 예야.

유성은 무엇일까?

매년 페르세우스 유성우를 볼 수 있는 8월 10일 무렵이 되면 사람들이 "별똥별이다!" 하고 외치잖아. 하지만 사실 유성은 별이 아니야. 너도 이제 알겠지만, 별들이 폭발하거나 연료를 다 써 버리고 죽기는 해도 하늘에서 떨어지지는 않아! 유성우는 우주를 떠돌던 돌덩이나 먼지가 지구 대기로 들어오면서 불타는 모습일 뿐이야.

159쪽을 읽으면 유성에 대해 더 많은 정보를 알 수 있어.

저건 별이 아니야.
그건 나도 잘 알아.
하지만 유성이 어두운 창공에서
빛나는 꼬리를 남기며 타오를 때면
온 우주가 저 작은 돌 안에
쏙 들어간 거 같아.
눈부신 빛 한 방울이
유리 같은 어두운 밤하늘을 미끄러져 갈 때
내 몸은 저절로 크게 떨리지.
별은 하늘에서 떨어지지 않아.
그건 나도 잘 알지만
그래도 이렇게 외치네.
"와!"

우리는 모두 별의 아이들

별에 관해서라면 나도 이제 잘 알아. 탄소, 수소, 철 같은 원소들이 우주의 별에서 생겨났다는 건 당연히 알지. 별이 없었다면 우리는 빅뱅 때 생긴 가벼운 수소와 헬륨 바다에서 헤엄치고 있었을 테지! 무거운 원소들은 모두 별에서 만들어졌고, 지금도 만들어지고 있어.

"그런데 원소들이 어떻게 지구까지 온 거야?"

내 질문에 언니가 대답해 줬어.

"별들이 우주 공간으로 물질들을 흩뿌렸잖아. 초신성 잔해와 행성상 성운의 형태로 말이야. 그것들이 모여서 분자 구름이 되고, 그 안에서 새 별과 행성이 만들어지지. 물질은 사라지지 않고 그런 식으로 끊임없이 재활용돼. 50억 년 전에 우리가 사는 태양계도 그런 구름에서 태어났는데, 그 구름에는 생명체가 발달하는 데 필요한 원소들이 풍부하게 들어 있었어. 우리 몸속의 탄소라든지 수소와 산소로 이루어진 물 있지? 그런 것들도 그 구름에 섞여 있었어. 그 원소들의 약 70퍼센트는 초신성에서 만들어져 우리가 태어난 곳, 더 정확하게 말하면 태양과 지구가 탄생한 구름까지 퍼진 거야."

"그럼 우리 몸이 우주 먼지로 이루어져 있다는 뜻이네!"

아마 그래서 내가 별에 이렇게 관심이 많은가 봐. 별과 나는 멀리 떨어져 있지만, 아주 가깝기도 해. 내 몸의 일부가 별에서 온 거니까!

➡ 빅뱅이 뭔지 잊었다면 2장으로 살짝 돌아가 봐.

하늘은 라디오

우리는 우주를 볼 뿐만 아니라 우주를 들을 수도 있어. 우주를 듣는다는 건 우주에서 지구로 오는 전파 신호를 포착한다는 뜻이야. 전파 신호를 포착하면, 다른 방법으로는 존재를 추측만 하던 별들을 실제로 발견하고 위치도 파악할 수 있어. 라디오 전파를 추적해서 감미로운 음악을 틀어 주는 방송국을 찾아내는 것과 비슷하지.

이 방법으로 찾아낸 게 바로 '펄서'야. 펄서는 미친 듯이 빠르게, 1초에 수백 바퀴를 회전하는 중성자별이야. 전파, 엑스선, 감마선을 방출하지만, 가시광선은 거의 방출하지 않아서 다른 방법으로는 찾기 힘들지. 회전하면서 맥박이 뛰는 것처럼 주기적인 신호를 내보내는 게 펄서의 특징이야.

❗ **중성자별**은 별이 죽으면서 남긴 잔해인데, 이름처럼 거의 중성자로 이루어져 있어. 중성자별은 지름이 약 10킬로미터로, 달의 145분의 1 크기밖에 안 돼. 하지만 질량은 달의 3800만 배나 되는 어마어마한 존재야!

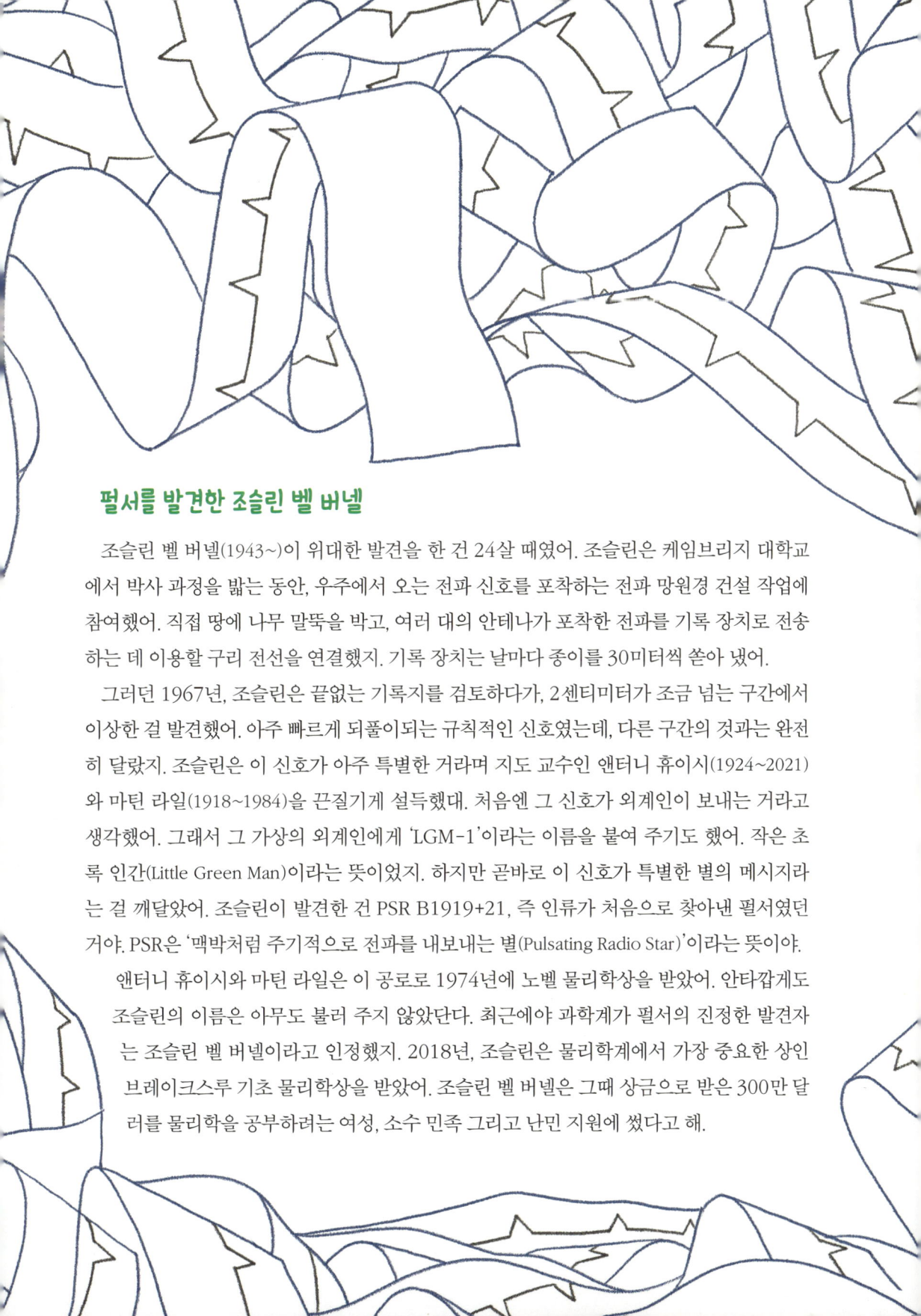

펄서를 발견한 조슬린 벨 버넬

조슬린 벨 버넬(1943~)이 위대한 발견을 한 건 24살 때였어. 조슬린은 케임브리지 대학교에서 박사 과정을 밟는 동안, 우주에서 오는 전파 신호를 포착하는 전파 망원경 건설 작업에 참여했어. 직접 땅에 나무 말뚝을 박고, 여러 대의 안테나가 포착한 전파를 기록 장치로 전송하는 데 이용할 구리 전선을 연결했지. 기록 장치는 날마다 종이를 30미터씩 쏟아 냈어.

그러던 1967년, 조슬린은 끝없는 기록지를 검토하다가, 2센티미터가 조금 넘는 구간에서 이상한 걸 발견했어. 아주 빠르게 되풀이되는 규칙적인 신호였는데, 다른 구간의 것과는 완전히 달랐지. 조슬린은 이 신호가 아주 특별한 거라며 지도 교수인 앤터니 휴이시(1924~2021)와 마틴 라일(1918~1984)을 끈질기게 설득했대. 처음엔 그 신호가 외계인이 보내는 거라고 생각했어. 그래서 그 가상의 외계인에게 'LGM-1'이라는 이름을 붙여 주기도 했어. 작은 초록 인간(Little Green Man)이라는 뜻이었지. 하지만 곧바로 이 신호가 특별한 별의 메시지라는 걸 깨달았어. 조슬린이 발견한 건 PSR B1919+21, 즉 인류가 처음으로 찾아낸 펄서였던 거야. PSR은 '맥박처럼 주기적으로 전파를 내보내는 별(Pulsating Radio Star)'이라는 뜻이야.

앤터니 휴이시와 마틴 라일은 이 공로로 1974년에 노벨 물리학상을 받았어. 안타깝게도 조슬린의 이름은 아무도 불러 주지 않았단다. 최근에야 과학계가 펄서의 진정한 발견자는 조슬린 벨 버넬이라고 인정했지. 2018년, 조슬린은 물리학계에서 가장 중요한 상인 브레이크스루 기초 물리학상을 받았어. 조슬린 벨 버넬은 그때 상금으로 받은 300만 달러를 물리학을 공부하려는 여성, 소수 민족 그리고 난민 지원에 썼다고 해.

우리은하에서 또 다른 은하로
어떻게 갈 수 있을까?

수천억 개의 별로 이루어진 섬들
그 사이 끝없이 펼쳐진 어둠을
헤엄쳐서 건널 수 있을까?

별의 섬을 둘러싼 우주는
광대한 바다
한번 뛰어들면 아무도 구해 주지 못하고
아무 소리도 들리지 않는 곳.

이럴 때 필요한 건 상상.

날아오르자.

다섯 번째 이야기
은하 저 너머로

언니와 나는 풀밭에 담요를 펴고 편안하게 누웠어.

수많은 별로 이루어진 빛나는 강줄기가 어둠을 가로지르고 있었어. 너무 아름다워서 숨이 멎을 것 같은 기분이었지. 저 은하수가 뭔지 알고 나니까, 우주를 더 잘 이해할 수 있을 것 같아. 유리 엘리베이터를 타고 고층 빌딩 꼭대기까지 올라가서 그 아래 펼쳐진 도시를 구경하는 것 같다고 할까?

내 생각을 말했더니 언니가 웃으며 말했어.

"네가 보고 있는 별들은 은하수, 그러니까 우리은하의 한 부분이야. 백 년 전만 해도 사람들은 우리은하가 우주의 전부라고 생각했지만, 지금은 다른 은하들을 수백만 개나 발견해서 분류해 놓았어."

"은하가 수백만 개나 더 있단 말이야?"

"그럼. 우주 전체에 빛나는 섬들이 떠 있다고 생각하면 돼."

"그러면 어떤 별이 우리은하에 속하는지, 아니면 다른 은하에 속하는지는 어떻게 알아?"

"별이 지구로부터 얼마나 멀리 떨어져 있는지를 계산하면 돼. 만약 어떤 별이 우리은하의 끝보다 더 멀리 있다면 그건 다른 은하의 별이겠지?"

아무래도 우주를 알아 가는 건 엘리베이터가 아니라 롤러코스터를 타는 것 같아. 이제 다 알았다고 생각하는 순간 새로운 게 튀어나오잖아. 다 내려왔다고 안심했는데 다시 솟아오르는 롤러코스터처럼 말이야.

그래서 더 재미있지만!

수많은 이웃 별과 행성이 사는 우리은하

별을 연구하려면 아주 멀리 내다봐야 해. 우리와 가장 가까운 별인 태양조차 1억 5000만 킬로미터나 떨어져 있으니까 말이야. 다른 별들은 그보다 훨씬 더 멀리 있지.

지구에서 태양 다음으로 가까운 별은 프록시마 켄타우리야. M5형의 붉은 별이지. '프록시마(Proxima)'는 라틴어로 '가깝다'는 뜻이지만, 실제로 이 별은 우리한테서 4.2광년, 다르게 표현하면 약 40조(4 뒤에 0이 13개나 붙어!) 킬로미터나 떨어져 있어. 정말 어마어마하게 먼 거리지. 그래도 이 별은 우리랑 같은 동네에 산다고 할 수 있어. 이 별도 우리은하 소속이니까.

우리은하 전체로 보면 태양계는 아주아주 작은 공간을 차지할 뿐이야. 우리은하가 바닷가 모래사장이라면, 태양계는 모래 한 알밖에 안 돼! 그만큼 우리은하가 크다는 뜻이지. 우리은하의 한쪽 끝에서 다른 쪽 끝까지 빛의 속도로 달려도 20만 년이나 걸린다지 뭐야.

생긴 건 어떠냐고? 글쎄, 그건 정확히 그리기 어려워. 은하의 모습을 알려면 은하 바깥에서 봐야 하는데, 우리는 그 안에서 벗어날 수 없으니 말이야.

⟡ 광년이 얼마나 먼 거리인지 기억이 안 난다고? 그럼 60쪽으로 돌아가 봐.

⟡ 130쪽에서 은하의 진화 과정을 설명해 줄게.

⟡ 설마 중력이 뭔지 잊은 건 아니지? 혹시 그렇다면 44쪽으로 돌아가 보렴.

우리은하는 어떤 모양일까?

　여름밤 하늘을 가로지르는 별의 강을 본 적 있어? 그게 바로 은하수야. 은하수는 우리가 맨눈으로 볼 수 있는, 우리은하의 극히 일부지. 서양 사람들은 하얀 은하수를 보고 우유를 떠올렸대. 그래서 은하수를 '우유 길'이라는 뜻의 'Milky Way'라고 불렀어.
　오랜 연구 끝에, 과학자들은 우리은하가 중심부에 막대가 가로지르는 커다란 공(이걸 '은하핵'이라고 해.)이 있고, 그 막대 끝에서부터 '나선 팔'이 뻗어 나오는 원반 모양이라는 걸 알게 됐어. 이렇게 생긴 은하를 '막대 나선 은하'라고 불러.
　은하 안의 별들은 고정된 게 아니라, 은하핵을 중심으로 각기 다른 속도로 공전해. 그 속도는 은하핵으로부터의 거리가 결정하지. 태양계는 은하핵에서 멀리 떨어진 나선 팔에 자리 잡고 있어서, 우리은하를 한 바퀴 도는 데 2억 3천만 년이나 걸려. 느려 보여도 사실 속도로 따지면 고속 열차보다 3,000배는 빠른 시속 80만 킬로미터란 말씀!

우리은하는 얼마나 무거울까?

　컬럼비아 대학교에 있는 예티라는 슈퍼컴퓨터로 계산해 보니, 우리은하 전체는 태양보다 2100억 배 무겁대. 깜빡했을까 봐 이야기해 주는데, 태양의 질량은 200양(2 뒤에 0을 30개나 붙이는 거 알지?) 킬로그램이야.

우리은하에는 별이 몇 개나 있을까?

　은하수를 수놓는 별들을 하나하나 세는 건 불가능해. 다만 천문학자들은 우리은하 안에 별 약 2000억 개가 있다고 추측하지. 우리은하를 이루는 별들 하나하나는 서로 중력으로 연결되어 있어서, 움직이고 회전할 수는 있어도 다른 곳으로 도망가지는 못해. 천문학자들은 가이아 우주 망원경을 이용해 우리은하의 별들을 찾고 있어. 2020년 12월에 발표된 자료에 따르면, 가이아 우주 망원경이 34개월 동안 센 별의 수는 약 18억 개야.

우리은하를 이루는 이웃들

우리은하의 별들은 대부분 짝을 지어 함께 움직여. 시리우스 A와 시리우스 B처럼 둘이서 한 쌍을 이루는 쌍성도 있고, 카펠라처럼 별 네 개가 함께 움직이는 경우도 있지. 수십만 개의 별들이 모여 '성단'을 이루기도 해. 비교적 오래된 별들은 공 모양 성단인 '구상 성단'에서 많이 볼 수 있어. 이런 구상 성단과 다른 별들, 성간 물질이 모여 만들어진, 구름 같은 '헤일로'가 우리은하 전체를 감싸고 있지.

우리은하의 구조
우리은하는 너비가 약 20만 광년인 원반 모양이야.

헤일로

나선 팔

은하핵

우리는 여기 있어!
우리가 사는 태양계는 (따라서 지구와 우리도) 우리은하 중심에서 약 26,000광년 떨어져 있어. 우리가 쓰는 보통 단위로는 24경 6000조 킬로미터야.

은하 원반
뜨겁고 젊은 별들은 대부분 은하 원반에 있어.

구상 성단

구상 성단을 이루는 별들은 은하 원반에 있는 별들보다 차갑고, 작고, 훨씬 오래전에 생겼어. 그리고 그보다 더 오래된 별들은 헤일로에 있지.

쌍성

서로를 중심으로 궤도 운동을 하는 두 별이야.

우리은하의 모든 빛

망원경이 어떤 빛 파장을 포착하느냐에 따라서 우리은하의 다양한 모습을 보게 될 거야. 가시광선을 찍는 허블 우주 망원경으로는 갓 태어난 별들이 내뿜는 빛을 볼 수 있고, 적외선 망원경으로는 빽빽한 먼지 속에서 별이 태어나는 모습을 관찰할 수 있지. 전파 망원경으로는 펄서의 박동을 들을 수 있고, 엑스선 망원경으로는 별의 폭발을 관찰하고 블랙홀을 찾아낼 수 있어. 그리고 우리은하에서 가장 역동적인 현상을 연구할 때는 감마선 망원경을 사용해.

은하수는 왜 강을 닮았을까?

사람들이 잔뜩 모여 있는 광장 한가운데 서 있다고 상상해 봐. 제자리에서 한 바퀴를 돌면, 너를 둘러싼 사람들이 보이겠지? 우리가 은하수를 볼 때도 똑같은 일이 벌어져. 은하 원반과 평행한 방향으로 우리은하를 바라보면, 우리를 둘러싼 수많은 별이 보이지. 그 모습이 하늘을 가로지르는 밝은 띠 모양으로 나타나는 거야. 네가 만약 광장에서 위를 올려다보면, 활짝 열린 하늘이 보일 거야. 은하 원반에서 위를 올려다봐도 똑같은 일이 생길 텐데, 이때는 별이 적고 훨씬 어두운 하늘을 보게 되지. 화려한 나선 팔이 달린 우리은하를 위에서 내려다보려면, 수백만 광년의 거리를 날아서 다른 은하까지 가야 해. 하지만 그건 불가능하잖아? 그러니 우리은하와 쌍둥이 격인 안드로메다은하를 보는 걸로 만족하는 수밖에 없어!

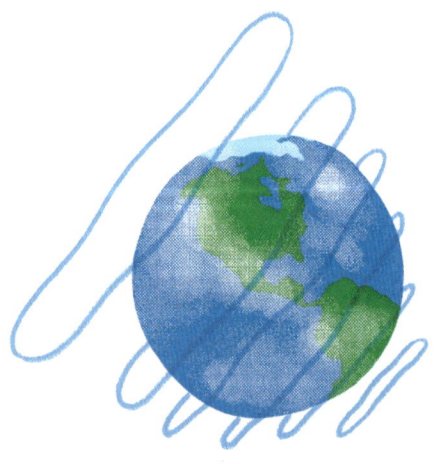

❶ 우주를 보는 또 다른 창문

파장이 다른 빛을 보는 여러 망원경을 사용하는 것 말고, 다른 방법으로 우주를 관찰할 수는 없을까? 물론 있지! 과학자들은 지금 중력파로 우주를 연구하고 있어. 중력파는 중성자별이나 블랙홀처럼 질량이 크고 밀도가 높은 천체들이 방출하는 파동이야. 이런 천체들은 전자기파, 즉 빛으로는 찾기 힘들어. 중력파가 지구에 도달하면 지구가 아주 미세하게 흔들려. 우리는 느끼지 못할 정도지만, 아주 민감한 장치로는 그 파동을 기록할 수 있지.

➲ 중성자별? 펄서? 뭔지 모르겠으면 112쪽으로 돌아가 봐. 블랙홀에 대해서는 140쪽에서, 중력파에 대해서는 146쪽에서 다시 자세히 이야기해 줄 거야.

손전등이 얼마나 멀리 있게?

밤에 친구랑 밖에 있는데, 손전등을 든 친구가 너에게서 점점 멀어진다고 상상해 봐. 친구가 10미터쯤 떨어지면 손전등이 빛나는 점처럼 보일 거고, 다시 거기서 10미터쯤 더 떨어지면 빛이 더 약해지겠지. 만약 네게도 같은 손전등이 있다면, 가까이 있는 네 손전등 빛은 밝게 보이고 멀리 떨어진 친구 손전등 빛은 희미해 보일 테니, 두 빛을 비교해서 친구가 얼마나 멀리 있는지 추정할 수 있어. 하지만 너한테 비교할 손전등이 없으면 친구가 얼마나 멀리 있는지 알 방법이 없지. 손전등 빛이 희미하게 보이는 게 멀리 떨어져 있어서 그런 건지, 가까이 있지만 건전지가 닳아서 그런 건지 구분할 길이 없으니까.

지구에서 별까지 거리를 잴 때도 똑같은 문제가 생겨. 어둡게 보이는 별이 하나 있다고 해 봐. 그 별이 지구와 가깝지만 진짜로 어두운 걸까, 아니면 실제로는 밝은데 멀리 있어서 어둡게 보이는 걸까? 우리가 별 하나를 관측해서 알 수 있는 건 '겉보기 등급'뿐이야. 별의 실제 밝기인 '절대 등급'을 알려면 손전등 문제처럼 비교 대상이 있어야 하지.

천문학에서는 우리가 절대 등급을 이미 알고 있는 천체를 '표준 광원'이라고 불러. 표준 광원을 발견한 일은 혁명이나 마찬가지였어. 그 발견으로 비로소 우주를 제대로 측정할 수 있게 되었으니까!

우주를 잰다는 건 이런 거야.
마치 길을 잃은 것처럼 끝없이 걷다가
저 멀리 바라보며 똑똑!
모든 별의 문을 두드려
마침내 기준 별을 찾는 거지.
그러고는 흰 분필을 들고
마치 재단사가 된 것처럼
새까만 천 위에
기준 별부터 쭉 선을 긋는 거야.
그러면서 하나, 둘, 셋…
0이 몇 개인지 숨을 참으며 세다가
기절해 버리는 것.

헨리에타가 찾은 변광성

헨리에타 스완 레빗(1868~1921)은 호기심이 많고 재주도 많은 아이였어. 음악도 수학도 잘해서 음악가가 될지 과학자가 될지 고민할 정도였지. 그런데 어느 날 불행이 닥쳤어. 병 때문에 청력을 잃은 거야. 헨리에타는 결국 음악가가 되는 꿈은 포기해야 했지만, 과학을 향한 열정은 점점 커졌어. 특히 천문학을 좋아했지.

19세기 말까지도 여성 과학자들은 대학에서 연구할 수 없었어. 하는 수 없이 헨리에타도 하버드 대학교 천문대에서 몇 년 동안 보조 연구원으로만 일했어. 처음에는 보수도 받지 못했지. 게다가 헨리에타와 동료 여성 과학자들에게는 망원경으로 직접 별을 관찰할 기회조차 주어지지 않았대. 그건 남자들이 하는 일이라면서 말이야! 그때는 그런 차별이 흔했거든. 대신 여성 과학자들은 흑백 사진 건판을 자세히 연구하여 별을 분류하는 일을 했어. 아주 지루하고 만족스럽지 않은 일이었지만, 다른 연구는 할 수가 없었지.

헨리에타는 '세페이드 변광성'이라는 특별한 별들을 아주 잘 찾아내는 재능이 있었어. 주기적으로 밝아졌다가 다시 어두워지는 이 별의 특성을 이용해서, 각각 다른 날 밤에 찍은 하늘 사진 여러 장을 서로 비교하는 방법으로 세페이드 변광성을 1,700개도 넘게 찾아냈지. 그리고 그중에서 몇 개를 골라 변광 주기를 측정했어. 즉 별이 가장 밝은 상태에서 가장 어두운 상태가 되었다가 다시 최대 밝기가 될 때까지 걸리는 시간을 알아낸 거야.

헨리에타는 측정 결과를 기록하다가 별이 밝을수록 변광 주기가 길다는 사실을 발견했어. 그리고 자신이 발견한 별의 밝기와 변광 주기 사이의 상관관계가 엄청나게 중요하다는 것도 금방 깨달았지. 지금은 이 상관관계를 '레빗의 법칙'이라고 부르는데, 이 법칙에 따르면, 변광 주기를 알면 그 별의 절대 등급을 결정할 수 있어. 이건 세페이드 변광성을 표준 광원으로 사용할 수 있다는 뜻이지. 하지만 안타깝게도, 헨리에타는 자신의 혁명적인 발견이 실제로 적용되는 건 보지 못하고 세상을 떠나고 말았어.

❗ 밝아졌다 어두워졌다 하는 별을 변광성이라고 하는데, 그중 세페이드 변광성은 밝기가 주기적으로 변하는 변광성이야. 변광 주기는 별 내부의 물리적 조건에 따라서 달라져.

은하만큼 끝없는 논쟁!

헨리에타가 레빗의 법칙을 발견하고 몇 년이 흐른 1920년대, 천문학자들이 큰 논쟁을 벌였어. 어떤 별 무리에 관한 내용이었는데, 마치 구름처럼 희미하게 퍼지는 빛을 방출하는 그 별 무리를 그때는 '안드로메다 성운'이라고 불렀지. 논쟁의 핵심은 이거였어. 이 별 무리는 우리은하 안에 있는 걸까, 아니면 바깥에 있는 걸까?

이 질문의 해답을 알아낸 사람은 미국 천문학자 에드윈 허블이야. 그때 세계에서 가장 성능이 뛰어난 망원경이 윌슨산 천문대에 있었어. 허블은 그 망원경으로 안드로메다 성운에서 세페이드 변광성을 찾아냈어. 그리고 레빗의 법칙을 이용하여 세페이드 변광성까지 거리를 측정해 보니, 무려 250만 광년이나 됐지. 우리은하의 지름은 약 20만 광년이니까, 우리은하에 있는 어떤 별보다도 훨씬 멀리 떨어져 있는 거야. 이로써 논쟁은 끝났고, 안드로메다 성운은 외부 은하로 인정되어 '안드로메다은하'라는 새 이름을 갖게 됐어.

이렇게 중요한 발견을 한 덕분에 허블은 우리은하 바깥의 우주를 연구하는 '외부 은하 천문학'이라는 새 과학 분야를 연 사람으로 인정받았지. 과학자들은 그를 존경하는 뜻에서 우주 망원경에 그의 이름을 붙이기도 했어. 그게 바로 허블 우주 망원경이야! 이름의 주인처럼 뭐든 잘 찾는 망원경이지.

➡ 허블 우주 망원경에 대해 더 많이 알고 싶다면 84쪽을 다시 읽어 봐.

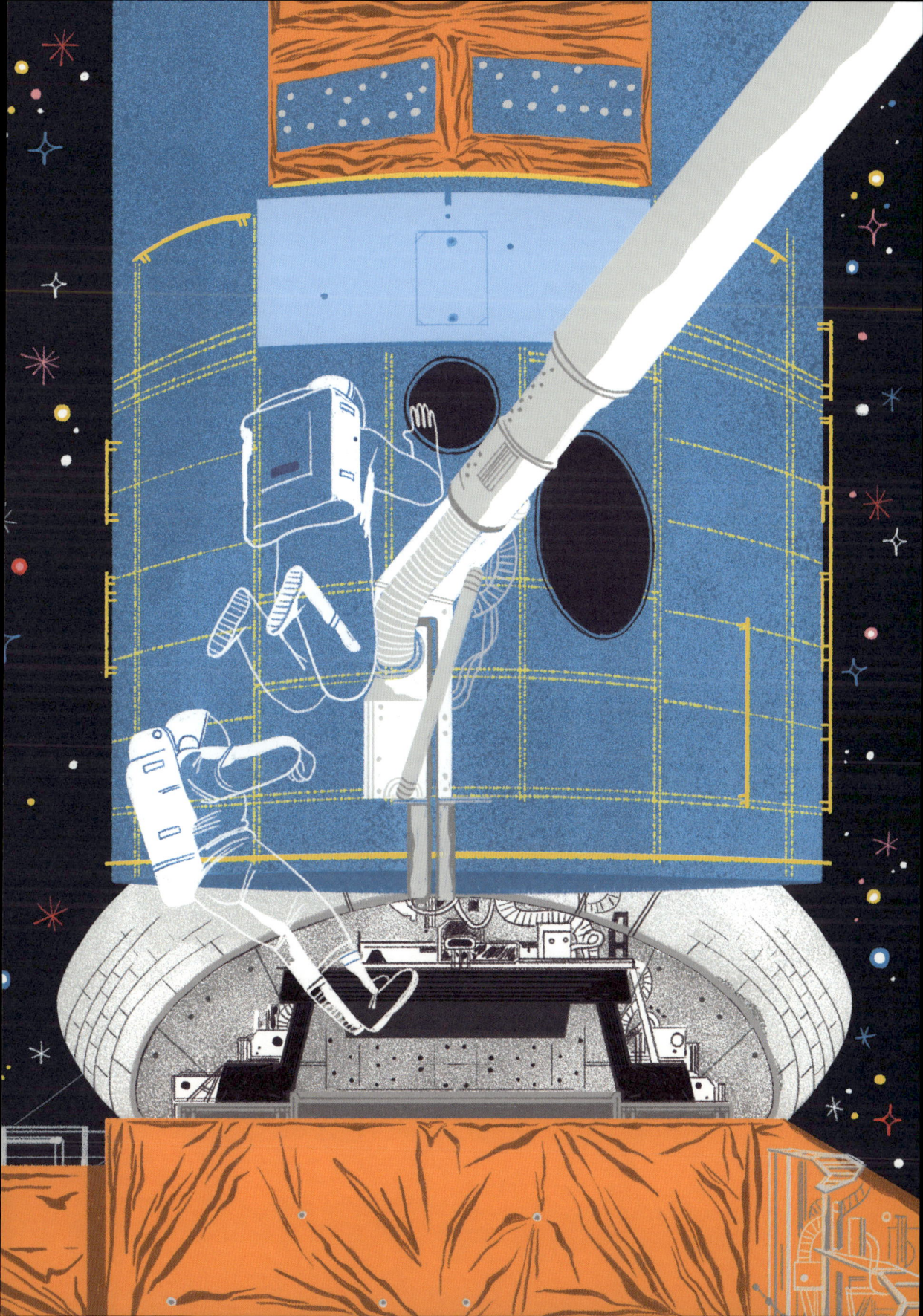

우주의 다양한 은하들
은하에는 얼마나 많은 별이 있을까?

안드로메다은하처럼 가까운 은하를 망원경으로 관찰하면 별과 성간 물질이 우주 공간에 퍼져 있는 게 보일 정도로 그 은하의 자세한 모습을 확인할 수 있지. 하지만 관찰하려는 은하가 너무 멀리 떨어져 있으면 희미하게 빛나는 점으로만 보여. 정확한 형태 대신 그 은하의 모든 별에서 나오는 빛만 볼 수 있는 거야.

한 은하에 얼마나 많은 별이 있는지 알아내는 건 정말 어려운 일이야. 별이 너무 많아서 일일이 셀 수 없거든! 그래서 은하 전체의 밝기를 측정하고, 그걸 별의 평균 밝기 값으로 나눠서 빛을 내는 별의 수를 계산하는 방법을 써. 그렇게 해서 얻은 결과는 추정치일 뿐이야. 별 하나하나가 얼마나 강한 빛을 내뿜는지 정확히 알 수 없으니까.

은하에 따라서 그 안에 속한 별의 수도 달라. 1조 개나 되는 별로 이루어진 거대한 은하들이 있는가 하면, '왜소 은하'라고 부르는 매우 작은 은하들도 존재해. 왜소 은하 중에는 별이 겨우 10,000개밖에 없는 은하도 있어.

은하의 여러 형태

온 우주의 은하는 형태, 색깔, 크기가 전부 제각각이지만, 은하들을 비교하다 보면 두 가지 기본 형태가 있다는 걸 알 수 있어. 바로 '나선 은하'와 '타원 은하'지. 나선 은하들은 중심부에 나선 모양 팔이 달린 형태야. 우리은하처럼 중심부를 막대가 관통하는 것처럼 생긴 막대 나선 은하도 있지. 타원 은하는 나선 팔이 없는 대신 은하핵이 훨씬 커. 이 두 가지 기본 형태를 더 자세하게 분류한 체계를 '허블 순차'라고 하는데, 이름만 들어도 에드윈 허블이 만든 분류법인 걸 알겠지?

그렇지만 실제 우주에는 허블 순차에서 다루지 않는, 적은 수의 별로 이루어진 왜소 은하와 특별한 형태나 구조가 없는 '불규칙 은하'도 존재한다는 사실!

왜 은하마다 형태가 다른 거지?

그건 은하마다 진화 단계가 다르기 때문이야. 은하도 태어나고 성장하면서 나이를 먹어. 그러다 이웃 은하와 만나 하나로 합쳐지기도 하고 말이야.

막 태어난 은하에는 성간 물질이 풍부해서, 거기서 별들이 활발하게 태어나지. 젊고 뜨거운 별이 많으니 자연스럽게 은하 전체가 푸른빛을 띠겠지? 시간이 지날수록 은하의 성간 물질은 줄어들고, 별들도 늙고 식어 가면서 점점 붉은빛을 방출해.

은하들을 살펴보면 대부분 나선 은하는 어린 별이 많아 푸른색을, 타원 은하는 늙은 별이 많아 붉은색을 띠어. 젊은 나선 은하들이 충돌해 결국 타원 은하가 되는 게 보편적인 은하의 진화 과정이거든. 두 은하가 충돌할 때 성간 물질도 뒤섞이는데, 거기서 많은 별이 폭발적으로 태어나. 그리고 난 뒤에 은하는 서서히 늙어 가지.

❗ 충돌하는 두 은하

안드로메다은하의 별들을 관찰하다 알아낸 건데, 안드로메다은하가 1초에 200킬로미터씩(시속 432,000킬로미터) 우리은하로 다가오고 있어. 아직 두 은하 사이의 거리가 엄청나게 멀긴 하지만, 앞으로 40억 년 뒤에는 우리은하와 안드로메다은하가 충돌할 거야.

한 은하가
다른 은하를 만났네.
두 은하는
가만히 서로 끌어당기다가
함께 춤추고 부드럽게 쓰다듬고는
두 팔을 뻗어 물방울이
다른 물방울을 만나 하나가 되듯
두 심장이 서로 닿을 때까지
힘껏 껴안았지.
이건 우주의
사랑.

🌀 은하들의 포옹

두 은하가 완전히 하나가 되는 건 수천만 년이 걸리는 큰일이지만,
우주에서 은하들이 서로 합쳐지는 건 드문 일이 아니야.
은하는 대부분 적어도 한 번은 다른 은하와 충돌한 적이 있거든.
지금 이 순간에도 충돌 중인 은하들이 있을걸.
은하 충돌은 아마 우주에서 벌어지는 사건 중 가장 매혹적인 광경일 거야.

❶ 망원경 없이도 은하를 볼 수 있을까?

가장 쉽게 볼 수 있는 건 당연히 은하수지만, 놀랍게도 다른 은하 중에도 맨눈으로 관찰할 수 있는 것들이 있어. 우리은하와 아주 가까워서 '우리은하의 위성 은하'라고 불리는 대마젤란은하와 소마젤란은하가 그 주인공이야. 지구의 위성 달이 지구 주위를 돌듯, 두 은하도 우리은하 주위를 돌아. 그 궤도가 엄청나게 크다는 게 차이점이지! 아쉽게도 두 은하를 보려면 남반구로 가야 하지만, 괜찮아. 아름다운 안드로메다은하는 북반구에서도 보이니까.

카시오페이아자리

페가수스자리

안드로메다자리

함께 해 보기
안드로메다은하를 찾아 보자

오늘 밤 우리는 은하 사냥에 나섰어! 달이 안 뜬 가을밤이 안드로메다은하를 찾기에 가장 적당해. 우리는 도시를 벗어나 인공 불빛이 별빛을 가리시 않는 곳으로 갔어.

"먼저 우리가 잘 아는 카시오페이아자리부터 찾자. 별자리 지도를 어디 뒀더라?"

"W자를 찾으면 되지? 그거라면 쉽지. 저기 있잖아."

언니의 질문에 내가 멋지게 대답했지. 카시오페이아자리를 똑똑히 기억하고 있었거든.

"제법인걸. 이제 W자의 왼쪽 두 점이 이어지는 선을 따라 오른쪽 아래로 내려가면 안드로메다자리가 나올 거야. V자를 옆으로 눕혀 놓은 모습이지. 안드로메다자리의 꼭짓점 별은 페가수스자리의 별이기도 해."

나는 언니의 설명에 별자리 지도까지 참고한 끝에, 드디어 안드로메다자리를 찾았어.

"아직 끝이 아니야!"

언니가 별자리 지도를 보여 주며 말했어.

"여기 좀 봐. 이게 안드로메다은하야. 맨눈으로는 희미하게 빛나는 점으로 보일 테지만, 찾아 볼래?"

"저거다!"

언니가 건네준 쌍안경으로 보았더니 나선 팔의 은은한 빛에 둘러싸여 밝게 빛나는 안드로메다은하의 중심이 보였어.

"와, 내가 찾은 첫 은하야!"

⟳ **별자리**에 관해서는 15~19쪽에 자세히 나와 있어.

우주엔 우리만 있는 게 아니야!

나선 은하 가장 바깥쪽에 있는 별들의 움직임을 보면, 은하에 아주 특별한 이웃이 함께 살고 있다는 걸 알 수 있어. 바로 암흑 물질이야. 보이지 않는 것을 관찰한 위대한 은하 연구자 베라 쿠퍼 루빈 덕분에 이런 사실이 밝혀졌지.

베라 쿠퍼 루빈과 은하의 무게

베라 쿠퍼 루빈(1928~2016)은 안드로메다은하 주변부 별들의 움직임을 연구하다가, 이 별들이 훨씬 안쪽에 있는 별들과 같은 속도로 도는 걸 발견했어. 그건 아주 이상한 일이었지. 별과 성간 물질은 대부분 은하 중심부에 모여 있어서, 중심부로부터 멀어질수록 중력이 점점 약해지거든. 그러면 가장자리에 있는 별은 안쪽 별보다 더 천천히 회전해야 하지. 이건 태양계 행성들에도 적용되는 법칙이야. 태양의 중력에 끌려가지 않으려면, 지구처럼 안쪽에 있는 행성은 목성 같은 바깥쪽 행성보다 더 빨리 공전해야 해. 실제로도 그렇고.

1970년대에 베라는 안드로메다은하 별들이 이상하게 움직이던 이유를 깨달았어. 그때까지 과학자들은 은하의 무게를 측정할 때 눈에 보이는 천체들(별, 성간 가스와 먼지)만 계산에 넣었어. 그렇지만 은하에는 눈에 보이지 않는 암흑 물질도 존재했던 거야. 눈에 보이는 천체들에 암흑 물질까지 계산하면 안드로메다은하의 무게가 생각했던 것보다 훨씬 무거워져서, 이런 일이 가능하거든. 베라는 여러 은하에서 별들의 속도를 측정해서 암흑 물질의 존재를 증명해 냈어.

➲ 질량과 중력 사이에 어떤 관계가 있는지 궁금하면 44~45쪽을 봐.

➲ 태양계 행성들이 태양으로 끌려가지 않으려면 왜 공전해야 할까? 160쪽에 나오는 실험을 해 보면 답을 찾을 수 있을 거야.

➲ 암흑 물질이 뭐라고 했더라? 46쪽을 읽어 봐.

넌 대체 누구니?
넌 지금 뭘 하고 있어?
네 안에서 무슨 일이 벌어지고 있는 거니?
고동치는 은하 심장에 말을 건네고 싶다.
나의 외침은
엄청난 중력을 지닌 어둠 속으로 던지는 미끼.
엄청나게 빠른
빛조차도 빠져나올 수 없는 어둠이
대답하길 바라며 던지는 미끼!

여섯 번째 이야기
중력의 왕, 블랙홀

언니가 낡은 시계를 내 목에 걸어 주며 말했어.
"우주에는 시간이 다르게 흐르는 곳이 있어."
"그게 무슨 말이야? 1분이 1분이 아니라는 거야?"
"맞아."
"그게 어딘데?"
"블랙홀이야. 블랙홀 주변은 중력이 너무 세서 시간과 공간이 변형되거든."
"와! 나도 보고 싶어."
내가 망원경에 눈을 대며 소리치자 언니가 웃었어.
"이걸 어쩌지? 블랙홀을 직접 관찰할 수는 없어. 블랙홀의 중력에선 빛도 빠져나오지 못하니까. 블랙홀을 찾고 싶으면 블랙홀이 주변에 어떤 영향을 미치는지 먼저 공부해야 해."
 나는 시계를 귀에 대고 똑딱거리는 소리를 한참 들었어. 블랙홀 근처에서는 이 시계가 다르게 똑딱거린다는 게 어떤 건지 궁금해졌지.
 우주는 언제나 내 예상을 뛰어넘어. 한 가지를 알고 나면 어김없이 연구할 게 또 잔뜩 나타난다니까.

검은 구멍, 블랙홀!

지구를 각설탕 크기로 압축하면 어떻게 될까? 각설탕 지구에서 나오는 중력이 너무 커서 빛도 빠져나오지 못할 거야. 지구가 블랙홀이 되는 거지!

태양을 블랙홀로 만들고 싶다면 반지름이 3킬로미터쯤 되도록 압축해야 해. 물론 그렇게 하는 건 정말 힘들겠지. 그런 일은 아주 특별한 조건에서만 일어나거든. 태양보다 큰 별이 핵융합에 쓸 연료가 떨어지면 거대한 초신성 폭발을 일으키잖아. 그때 물질 일부가 아주 작은 부피로 압축되면 짜잔! 블랙홀이 탄생해.

▶ **별이 어떻게 죽는지** 기억나? 깜빡했구나?
그럼 106쪽을 다시 읽어 봐.

❗ 상대성 이론으로 길 찾기

블랙홀 중력이 주변 시간과 공간을 뒤트는 것처럼, 지구 중력도 같은 작용을 해서 내비게이션에 쓰이는 GPS 위성에 영향을 미쳐. 상대성 이론을 반영해 위성의 시간을 조정하지 않으면, 내비게이션이 알려 주는 위치에 하루마다 무려 10킬로미터나 오차가 생길걸.

블랙홀 주변에서는 무슨 일이 생길까?

블랙홀은 중력이 무척이나 강해서 주변의 시간과 공간에 엄청난 변형을 일으켜. 알베르트 아인슈타인(1879~1955)이 상대성 이론으로 이 현상을 처음 설명했어. 변형이 얼마나 심하게 일어나는지는 물체의 밀도, 즉 같은 부피에 들어 있는 물질의 질량이 얼마나 큰지에 따라서 달라지지.

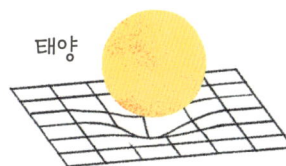

태양

태양은 지구 질량의 30만 배쯤 무거워. 그만한 게 반지름 696,000킬로미터의 공에 담겨 있는 거야. 그런데 태양과 질량이 비슷한 백색 왜성은 반지름이 태양의 100분의 1 정도밖에 안 되고, 또 비슷한 질량의 중성자별은 반지름이 12킬로미터 남짓이야. 더 대단한 건 블랙홀이야. 태양 질량, 다시 말해 지구 30만 개만큼의 질량이 반지름 3킬로미터인 공에 들어 있으니까! 그 정도로 밀도가 높으니 당연히 중력도 어마어마하고, 시공간 변형도 엄청나게 심하겠지?

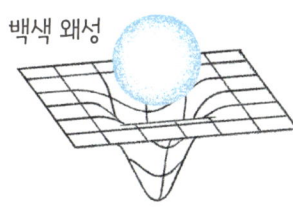

백색 왜성

❗ 시계는 똑딱또옥딱

시계를 가지고 블랙홀로 가까이 가면 갈수록 시곗바늘이 점점 천천히 움직여. 블랙홀의 중력이 공간뿐만 아니라 시간도 변형해서 시간이 천천히 가는 거지. 네가 블랙홀 근처에 산다면 방학은 절대로 오지 않을 거야. 학기가 영원히 끝나지 않을 테니까!

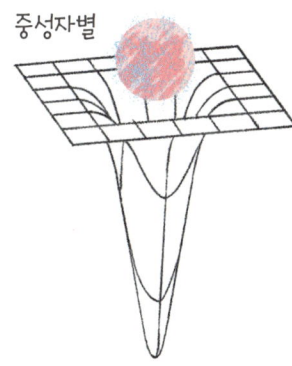

중성자별

❗ 찻숟가락이 코끼리만큼 무겁다고?

백색 왜성은 밀도가 아주 높아. 백색 왜성을 찻숟가락 하나만큼만 떠도 코끼리만큼 무거울걸? 백색 왜성보다 밀도가 더 높은 중성자별 한 찻숟가락은 지구에 사는 모든 인간을 합친 것보다 10배나 무겁지.

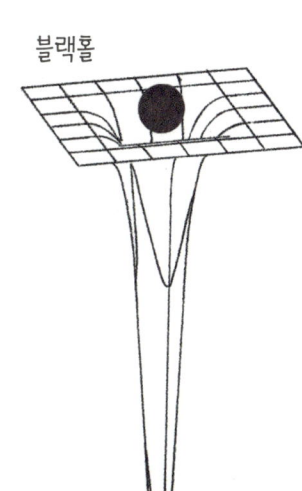

블랙홀

함께 해 보기
블랙홀에서 탈출하려면

　언니가 간단한 실험으로 블랙홀 주변에서 어떤 일이 벌어지는지 알아보자고 했어. 우리는 무게가 다른 공 여러 개와 커다란 천을 준비했어. 먼저 천을 반지름이 50센티미터인 원으로 자른 다음, 천을 팽팽하게 당겼어. 이때 주의할 점은 절대 천에 주름이 잡히면 안 된다는 거야! 훌라후프에 천을 씌우는 것도 좋은 방법이야. 팽팽해진 천에 공을 하나씩 놓았더니 천이 늘어나면서 구덩이가 생겼어. 공이 무거울수록 더 깊은 구덩이가 생겼지.
　언니가 나더러 천 한가운데에 가장 무거운 공을 놓으라고 했어. 내가 공을 놓자마자 천 한가운데에 움푹 들어간 구덩이가 생겼어. 그런데 다른 공들이 자꾸 그쪽으로 굴러가지 뭐야.
　"공들이 자꾸 가운데로 굴러 들어가잖아! 서로 떨어져 있게 하려면 어떻게 해야 해?"
　"간단해. 공을 세게 밀어서 빙글빙글 빠르게 가장자리를 돌게 해 봐."
　하지만 딱 맞는 속도를 찾기가 어려웠어. 공을 너무 세게 밀면 천 바깥으로 날아가 버리고, 약하게 밀면 결국 가운데로 굴러갔거든. 우리는 사고 실험을 해 보았어. 상상력으로 문제를 해결해 보는 거지. 그러다 깨달았어. 가장 무거운 공에 가까울수록 공이 더 빠르게 돌아야 가운데로 굴러떨어지지 않는다는 걸 말이야.
　"그럼 가운데에 있는 공이 블랙홀이라고 치면, 얼마나 빨리 움직여야 블랙홀에서 탈출할 수 있어?"
　내가 물었어.
　"블랙홀은 중력이 너무 강해서 거기서 탈출하려면 빛보다 빨라야 해. 하지만 우주에서 빛보다 빠른 것은 없으니까, 아무것도 블랙홀에서 탈출하지 못하는 거지. 그렇다고 모든 물체가 블랙홀로 빨려 든다는 뜻은 아니야. 블랙홀에서 멀리 떨어지면 그만큼 중력이 줄어들어서, 빛보다 느린 속도로도 탈출할 수 있어."

⤴ 중력과 탈출 속도 이야기 기억나니?
모든 천체는 **중력**으로 물체를 끌어당겨. 천체의 중력에서
벗어나려면 **탈출 속도**보다 빨리 움직여야 하지.
달 탈출 속도는 초속 2.4킬로미터, 지구 탈출 속도는
초속 11.2킬로미터, 태양 탈출 속도는 초속 618킬로미터야.
블랙홀 근처에서는 탈출 속도가 빛의 속도, 즉 초속 30만
킬로미터보다 커진대. 45쪽에도 자세히 나와 있어.

블랙홀에 가까운 빛

우리는 별을 볼 수는 있지만, 블랙홀은 볼 수 없어. 그래서 블랙홀을 찾으려면 별을 찾을 때와는 다른 방법을 써야 하지. 바로 블랙홀이 주변에 미치는 효과를 관찰하는 거야. 블랙홀이 주변 별과 물질에 영향을 주기 때문에, 그 효과의 정도로 블랙홀 질량을 계산하지. 또 별의 회전 속도와 궤도를 파악해 그 별이 블랙홀 주위를 돈다는 걸 알아낼 수 있어.

블랙홀 주위에는 성간 물질로 이루어진 원반이 형성되기도 해. 블랙홀이 적색 거성 같은 주변 별에서 뜯어내거나 우주 공간에서 끌어당긴 물질이 모여서 원반이 되는 거야. 이런 원반을 '강착 원반'이라고 하는데, 블랙홀이 성장하기 위한 영양분을 담은 쟁반이라고 생각하면 돼. 강착 원반으로 끌려갈 때, 물질들이 뜨거워지면서 가시광선부터 엑스선까지 다양한 파장의 빛을 방출해. 이 빛을 찾으면 거기에 블랙홀이 있다는 걸 분명하게 알 수 있지.

⚠ 우리은하에도 블랙홀이?

미국 항공 우주국(NASA)의 누스타(NuSTAR) 우주 망원경과 지구에 설치한 그래비티(GRAVITY) 장치로 우리은하 중심부를 관측해 보니, 그곳에서 강력한 엑스선 플래시와 적외선이 방출되고 있었어. 이 관측으로 우리은하 중심에 초대질량 블랙홀인 궁수자리 A*(이름에 *가 붙으면 블랙홀로 추정된다는 뜻이야.)가 존재한다는 사실을 확인했지. 이 공로로 2020년 노벨 물리학상은 미국 과학자 앤드리아 게즈(1965~)와 독일 과학자 라인하르트 겐첼(1952~)에게 돌아갔어.

⚠ 비밀을 품은 블랙홀

빛은 우리에게 정보를 전달하는 전령이야. 하지만 안타깝게도, 빛도 블랙홀 중력에서는 탈출할 수 없어서 우리로서는 블랙홀 안에서 어떤 일이 벌어지는지 알 방법이 없지. 탈출 속도가 빛의 속도와 같아서 빛이 탈출할 수 없는 블랙홀 주변을 사건의 지평선이라고 불러. 그 너머는 볼 수 없단 뜻이지.

믿기 힘든 사진 한 장

2019년 4월, 국제 연구팀이 2년 동안 진행한 연구 끝에 블랙홀 사진 한 장을 공개했어. 사건의 지평선을 망원경으로 찍은 사진을 말이야. 그런데 블랙홀에서는 빛이 나오지 않잖아! 사진은 빛이 있어야 찍히는 건데…. 그럼 망원경이 찍은 건 뭘까?

연구팀은 전파 망원경 여덟 대로 메시에 87 은하 중심을 겨냥해서, 거기에 있는 블랙홀, 정확하게 말하면 블랙홀 주변 물질이 방출하는 빛을 처음으로 관측했어. 사진 속의 물질들은 블랙홀 주위를 돌다가 사건의 지평선을 넘어서 블랙홀 안으로 빨려 들어가고 있었어. 아래 그림에서 가운데에 있는 검은색 원이 블랙홀인데, 질량이 태양의 6500만 배나 돼!

❗ 거의 불가능한 임무

이 사진을 찍는 과정은 아주 복잡했어. 이 블랙홀은 지름이 1000억 킬로미터이고 지구에서 5500만 광년이나 떨어져 있거든. 지구에서 이 블랙홀 사진을 찍는 건 모스크바에 있는 사람이 펼쳐 놓은 책을 서울에서 읽는 것과 마찬가지야. 거의 불가능한 일이었지.

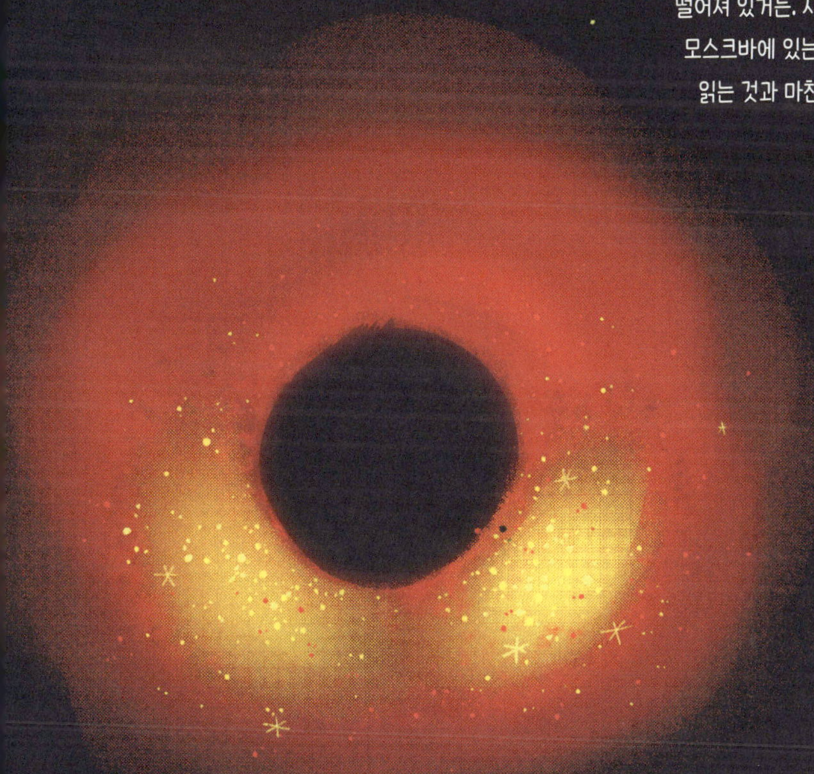

블랙홀에서 나오는 신호

연못에 조약돌을 던진다고 상상해 봐. 돌이 물에 빠지는 순간 수면에 파동이 생기잖아. 돌이 빠진 지점에서 시작한 파동이 사방으로 퍼지지. 이와 비슷하게 백색 왜성, 중성자별, 블랙홀처럼 밀도가 높은 천체가 빠르게 움직일 때도 주변 시공간이 출렁이면서 생긴 파동이 모든 방향으로 퍼져 나가는데, 이 파동을 '중력파'라고 불러. 밀도가 높은 물체가 움직여서 중력이 변화하면 중력파가 이는 거야.

두 블랙홀의 만남

블랙홀도 쌍성처럼 짝을 이룰 수 있어. 짝을 이룬 두 블랙홀은 서로의 주위를 빠르게 돌면서 시공간에 진동을 일으켜. 그러면서 점점 가까워지다가 하나로 합쳐져 더 큰 블랙홀이 되는데, 그때 강력한 중력파가 발생하지. 중력파는 이 굉장한 사건에 대한 정보를 가득 담고 아주 멀리까지 퍼져!

두 블랙홀이 충돌하는 순간에는 우주 전체의 별들에서 나오는 것보다 더 큰 에너지가 방출돼. 그런데도 이때 생기는 중력파는 매우 약한데, 그건 시공간을 휘는 데 막대한 에너지를 써 버려서 그런 거래.

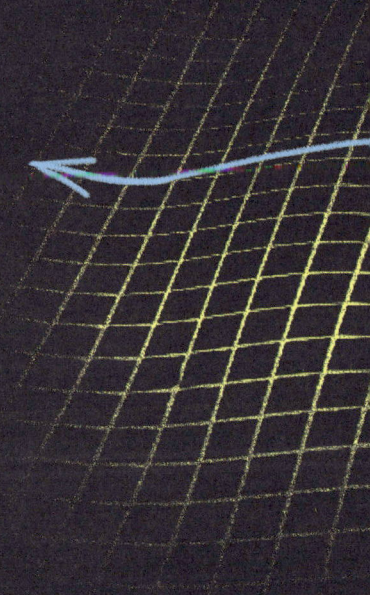

중력파를 잡아라

파도가 지나가면 바닷물이 오르락내리락하는 것처럼, 중력파가 지나가면 주변 공간에 진동이 생겨. 물체들 사이의 거리가 줄었다 늘었다 하는 거지. 하지만 중력파가 일으키는 공간 변형은 정말 미미한 수준이야. 중력파가 밀려오면 지구가 원자핵 하나 크기(0.000000000000001미터)만큼 줄었다가 늘어나는 정도거든. 알베르트 아인슈타인은 중력파가 지나가면서 생기는 효과를 측정하는 건 불가능하다고 여겼어. 하지만 사람들은 중력파를 포착하는 걸 포기하지 않았고, 마침내 아주아주 예민한 측정 장치를 만들어 냈지.

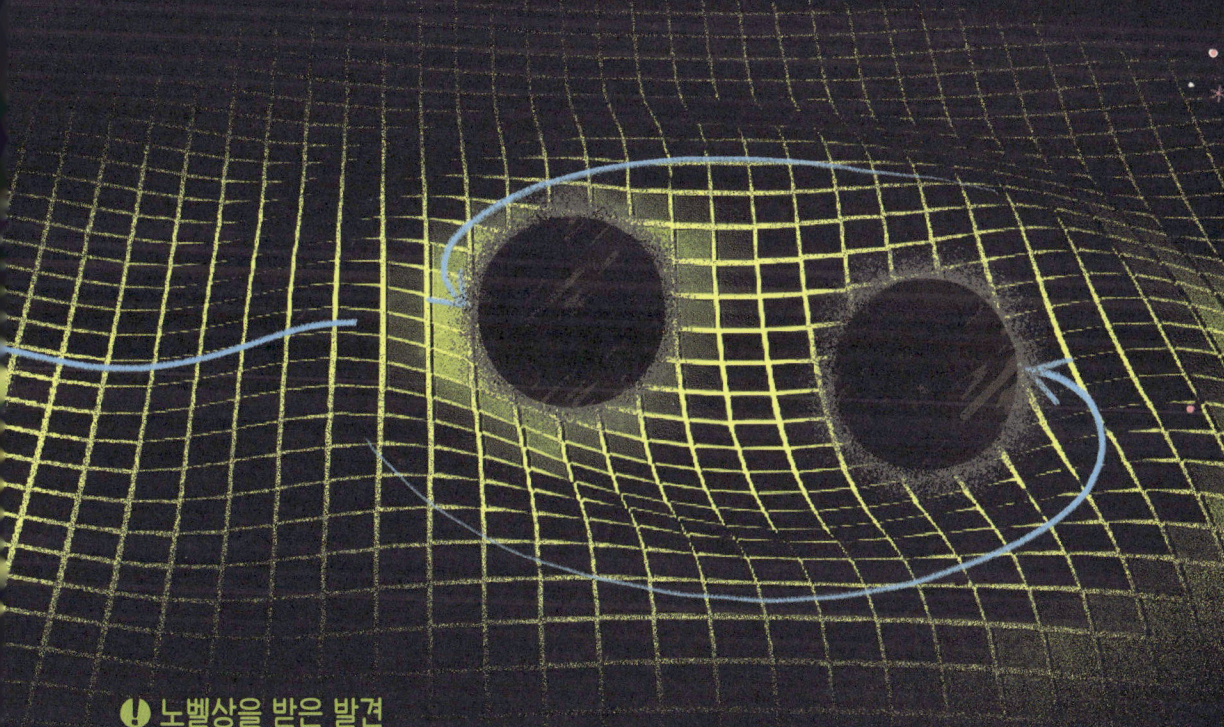

⚠️ 노벨상을 받은 발견

2015년 9월 14일, 라이고-비르고(LIGO-VIRGO) 공동 연구 프로젝트의 관측 장비가 처음으로 중력파를 검출했어. 그 중력파는 태양 질량의 수십 배에 달하는 두 블랙홀이 충돌하면서 만들어진 거였지. 이 엄청난 발견은 18개 나라의 약 1,300명이 참여한 공동 작업의 결과라고! 배리 배리시(1936~), 킵 손(1940~), 라이너 바이스(1932~) 이렇게 세 과학자가 이 연구를 고안하고 추진한 공로로 2017년에 노벨 물리학상을 공동으로 받았어. 이 프로젝트는 2015년 이후에도 블랙홀과 중성자별이 융합할 때 발생한 중력파를 수차례 관측했고, 지금도 계속 새로운 발견을 해내고 있어.

크고 작은 블랙홀

갓 생겨난 블랙홀은 크기가 다양해. 우리가 입는 옷처럼 말이야.

옷으로 치면 '마이크로 블랙홀'은 XS 사이즈야. 질량은 거의 달 정도고, 차지하는 공간은 1세제곱밀리미터도 안 돼. S 사이즈 블랙홀은 질량이 태양의 1배에서 100배 사이인데, 이런 블랙홀을 '항성질량 블랙홀'이라고 부르지. M에서 L 사이즈는 질량이 태양 질량의 100배에서 100,000배 사이인 '중간질량 블랙홀'이야. 마지막으로 XL이나 XXL 사이즈 블랙홀도 있어. 이런 블랙홀들을 '초대질량 블랙홀'이라고 하는데, 주로 은하 중심에 있어. 질량은 태양 수십만 개에서 수십억 개가 모여 있는 것과 비슷하대.

블랙홀은 배가 고파

블랙홀도 우리랑 똑같이 무언가를 '먹으면서' 성장해! 블랙홀은 자기 중력에서 탈출하지 못하는 주변 물질을 모두 빨아들이거든. 블랙홀은 질량이 클수록(또는 크기가 클수록) 더 빨리 자라. 정말 많이 먹는 먹보 블랙홀들은 XL 또는 XXL 사이즈까지 자라기도 하지.

XS/S 사이즈
달 1개에서 태양 100개 사이의 작은 질량을 지닌 마이크로 블랙홀과 항성질량 블랙홀

M/L 사이즈
태양 질량의 100~100,000배인 중간질량 블랙홀

XL/XXL 사이즈
최대 태양 질량 수백억 배까지 이르는 어마어마한 초대질량 블랙홀

❗ 인류가 발견한 가장 멀리 있는 **초대질량 블랙홀**은 이름이 J2157인데, 나이는 120억 살이고 질량은 태양의 340억 배야. 노벨상 수상자 킵 손이 영화 〈인터스텔라〉의 대본 작업에 참여했을 때도 이런 초대질량 블랙홀에서 아이디어를 얻어 가상의 블랙홀을 만들었대.

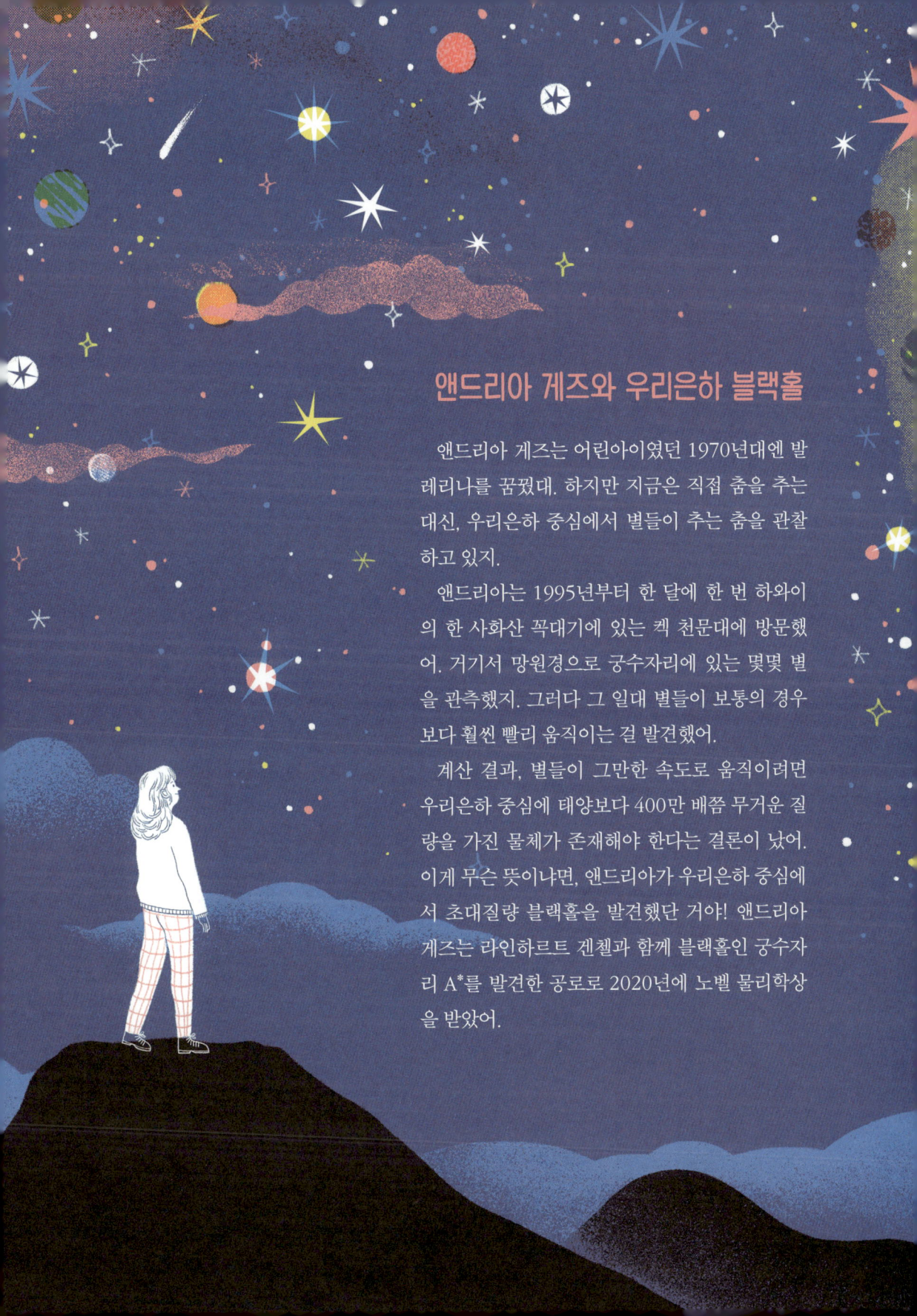

앤드리아 게즈와 우리은하 블랙홀

앤드리아 게즈는 어린아이였던 1970년대엔 발레리나를 꿈꿨대. 하지만 지금은 직접 춤을 추는 대신, 우리은하 중심에서 별들이 추는 춤을 관찰하고 있지.

앤드리아는 1995년부터 한 달에 한 번 하와이의 한 사화산 꼭대기에 있는 켁 천문대에 방문했어. 거기서 망원경으로 궁수자리에 있는 몇몇 별을 관측했지. 그러다 그 일대 별들이 보통의 경우보다 훨씬 빨리 움직이는 걸 발견했어.

계산 결과, 별들이 그만한 속도로 움직이려면 우리은하 중심에 태양보다 400만 배쯤 무거운 질량을 가진 물체가 존재해야 한다는 결론이 났어. 이게 무슨 뜻이냐면, 앤드리아가 우리은하 중심에서 초대질량 블랙홀을 발견했단 거야! 앤드리아 게즈는 라인하르트 겐첼과 함께 블랙홀인 궁수자리 A*를 발견한 공로로 2020년에 노벨 물리학상을 받았어.

은하 하나에 블랙홀도 하나

중심에 블랙홀을 가지고 있는 건 우리은하만이 아니야. 어떻게 생겼든, 나이가 얼마나 많든, 모든 은하에는 블랙홀이 있어. 그래서 과학자들은 은하와 블랙홀이 동시에 생겨서 서로 영향을 주고받는다고 추측하고 있지.

우리은하와 우리 블랙홀

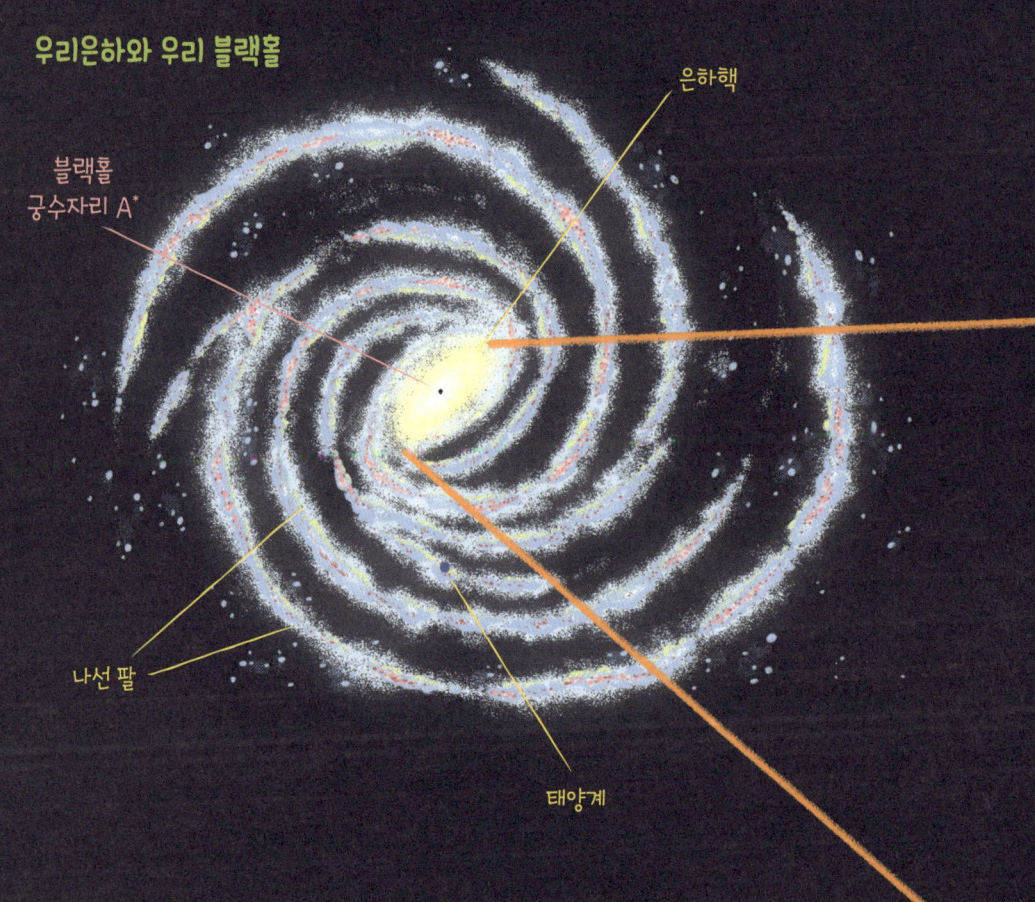

블랙홀
궁수자리 A*

은하핵

나선 팔

태양계

고동치는 은하의 심장

은하 중심부에 있는 물질이 초대질량 블랙홀로 빨려 들어갈 때는 은하 전체가 내는 빛보다 더 밝은 빛이 방출돼. 1963년 천문학자 마르턴 스밋(1929~2022)이 이런 빛을 처음 관찰했지. 마르턴은 처음에는 이 빛이 무엇인지 몰랐고, 이 빛이 나오는 천체를 '퀘이사'라고 불렀어. 확실하지는 않지만 강력한 전파를 내뿜는 별 같다는 의미였지.

나중에 과학자들이 심장처럼 고동치는 이 빛이 은하핵에서 나온다는 것을 알고 '활동성 은하핵(Active Galactic Nuclei, AGN)'이라고 이름을 바꿨고, 퀘이사는 활동성 은하핵의 한 종류가 되었어.

❗ 마르턴이 처음 발견한 활동성 은하핵을 퀘이사라고 부른 건, 별처럼 보이는 천체에서 별보다 훨씬 밝고 강력한 전파가 나왔기 때문이야.

블랙홀들이 추는 소용돌이 춤

두 은하가 가까워지면 중력으로 서로를 끌어당기다가, 결국에는 하나로 합쳐 더 큰 은하가 된다고 했지? 이때 두 은하의 별들과 가스는 새 은하에 새로 자리를 잡고, 두 은하의 핵에 있던 블랙홀들이 서로 접근해 쌍을 이룰 수도 있어. 블랙홀 한 쌍이 소용돌이 춤을 출 때 중력파가 발생하고, 두 블랙홀은 춤을 추며 점점 가까이 다가가다 부딪쳐 더 큰 블랙홀이 돼. 이 블랙홀이 새로 생긴 거대한 은하의 새로운 심장이 되는 거야.

둘이 하나가 된 블랙홀은 점점 커져. 은하가 새로 만들어진 뒤라, 새로 생긴 블랙홀 주변에는 '먹을' 가스가 얼마든지 있거든. 새 은하의 심장이 된 블랙홀은 그렇게 성장하면서 빛을 내뿜지.

⟳ 두 은하의 합체 이야기는 130~132쪽에 나와.

함께 해 보기
중력파를 타고 신나게 달려 보자

　우리는 풀밭에 앉아 눈을 감고 두 블랙홀이 하나가 되는 장면을 상상했어. 두 블랙홀이 빙빙 돌면서 만드는 중력파의 파도가 밀려왔지. 우리는 서핑 보드를 타고 빛의 속도로 우주에서 가장 먼 곳까지 미끄러져 갔어. 멀리 떨어진 지구에서는 은하들의 어린 시절 모습만 보였지만, 가까이 가 보니 은하들이 만나 하나가 되는 것도 감상할 수 있었어. 은하 한가운데서는 블랙홀이 가스와 먼지를 삼키고는 잠시 주변 공간을 환하게 밝혔고, 별들은 성장하고 고동치다가 폭발하며 아름다운 초신성 잔해와 새로운 무거운 원소들을 남겼어. 블랙홀들이 하나가 되면서 만들어 낸 중력파가 찰랑이는 걸 느끼면서, 우리는 우주 배경 복사가 우주 공간을 여행하는 모습을 지켜보았지. 차갑고 조용한 빛 속에 담긴 최초의 빛과 빅뱅의 모습도 말이야.
　언니가 왜 그렇게 우주에 관심이 많은지 이제 좀 알 것 같아. 언니가 우주 이야기를 할 때마다 내 머릿속에서 아름다운 불꽃놀이가 펼쳐져.

태양계는 놀이터 같아.
지구를 닮은
바위 행성들,
거대하고 차갑게 얼어붙은
가스 행성들,
띠를 이룬 소행성들,
꼬리가 긴 혜성,
크고 작은 위성들과 왜행성들이
어울려 노는 놀이터 같아.

태양계는 눈으로 하는 놀이.
내가 손대지 않아도
모든 것이 하늘의 길을 따라
움직이는 장난감 같아.
하지만 모든 건
우주에서 정말 일어나는 일들.

너와 내가
신나게 노는 이곳은
태양 둘레를
쉬지 않고 돌고 도는 지구,
단 하나뿐인
푸른 행성.

일곱 번째 이야기
우리가 사는 태양계

오늘은 언니랑 바다에 왔어. 우리는 빵빵하게 부풀린 비치 볼을 들고 바닷물에 발을 담갔지. 언니가 큰 공을 던지며 말했어.
"태양이 이 공만 하다면, 태양계 행성들은 너무 작아서 다 모아도 네 손에 쏙 들어갈걸."
"신비로운 은하와 블랙홀에 비하면 태양계는 좀 시시할 것 같아."
언니가 웃으며 나에게 물을 뿌렸어.
"바보 같은 소리! 우주 탐사의 시작은 언제나 태양계부터라고. 오늘 밤에 환상적인 달을 보여 줄 테니 두고 봐. 아마 깜짝 놀랄걸!"
우리는 모래사장에 앉아서 눈을 감았어.
얼굴에 닿는 햇볕이 따뜻했어.
우주 공간에 떠 있는 커다란 별 주위를 도는 행성에서 내가 다른 사람들과 함께 앉아 있는 모습을 아주 멀리, 수천만 킬로미터나 떨어진 곳에서 내려다보는 걸 상상했어.
가슴이 두근거렸어.

태양계

태양계의 모든 천체는 중력으로 태양과 연결되어 있어. 그리고 태양의 중심과 (거의!) 일치하는 태양계 중심을 공전하지. 공전 궤도를 도는 행성들의 속도는 태양에서 떨어져 있는 거리가 결정해. 태양으로 끌려가지 않기 위해, 가까이 있는 행성들은 멀리 있는 행성들보다 더 빠른 속도로 돌고 있어. 태양계를 이루는 중요한 천체들은 지구를 닮은 행성 네 개와 거대한 가스 행성 네 개야. 그리고 소행성, 유성, 혜성도 태양계의 식구지.

코페르니쿠스가 일으킨 혁명

옛날 사람들은 지구가 우주의 중심이고, 태양과 별을 비롯한 모든 천체가 지구 주위를 돈다고 믿었어. 이걸 '지구 중심설' 또는 '천동설'이라고 불러. 클라우디오스 프톨레마이오스가 2세기에 이 이론을 처음 주장해서 '프톨레마이오스 세계관'이라고 부르기도 해. 그런데 16세기에 **니콜라우스 코페르니쿠스(1473~1543)**가 이런 생각을 뒤집었어. 지구가 아니라 태양이 태양계의 중심이라고 주장했지. 지금은 당연한 사실이지만, 당시에는 파격적인 주장이었어. 그래서 오래된 견해나 사고방식이 크게 변할 때 "코페르니쿠스적 전환이다!"라고 한대.

강등된 행성

어떤 천체가 행성으로 인정받기 위해서는, 별 주위를 공전할 뿐만 아니라 거의 완벽한 공 모양이어야 하고, 중력으로 주변의 작은 천체들을 끌어당겨서 자기 공전 궤도를 깨끗하게 치울 수 있어야 해. **명왕성**은 마지막 조건을 충족하지 못해서, 2006년 8월 24일에 열린 국제 천문 연맹 회의에서 왜행성으로 한 등급 낮아졌어.

AU는 태양계 천체들의 거리를 표현하는 **천문단위**야.
1AU는 149,600,000킬로미터로, 지구에서 태양까지 거리를 뜻해.

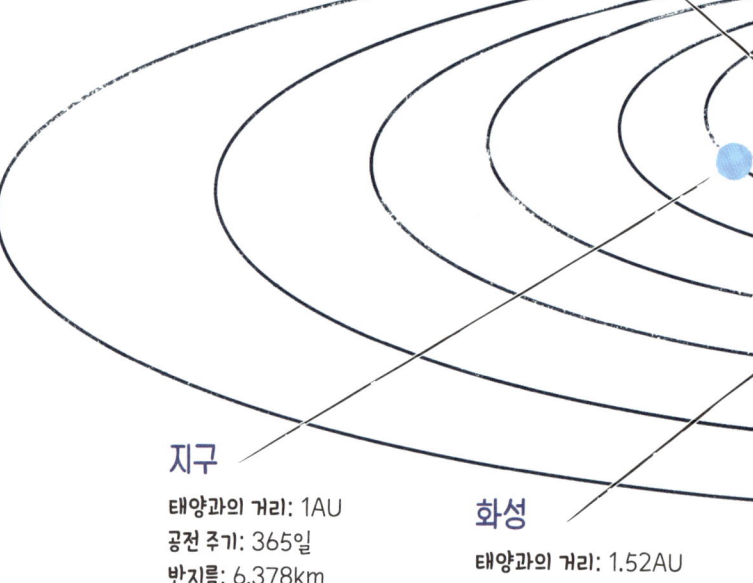

금성
태양과의 거리: 0.72AU
공전 주기: 225일
반지름: 6,052km

지구
태양과의 거리: 1AU
공전 주기: 365일
반지름: 6,378km

화성
태양과의 거리: 1.52AU
공전 주기: 687일
반지름: 3,396km

태양계의 작은 천체들

여덟 행성 말고도 태양계에는 태양을 공전하는 수많은 작은 천체들이 있어. 바로 '소행성'이지. 지금껏 찾은 소행성만 해도 백만 개가 넘어. 소행성이 지구 대기로 들어오면 물질이 떨어져 나가면서 아름다운 꼬리를 남기며 불타 버리는데, 그게 하늘을 가로지르는 '유성'이야. 우리가 소원을 비는 별똥별의 정체가 바로 이것이지. 가끔 불타고 남은 소행성이 지상까지 떨어지는 걸 '운석'이라고 불러.

'혜성'은 유성과 비슷하지만, 거의 얼음으로 되어 있다는 점과 지구로 떨어지는 것이 아닌 태양 주위를 공전하는 천체라는 점이 달라. 얼음덩어리인 혜성의 핵이 태양 열기에 녹으면, 가스가 흩날려 핵을 덮거나(코마) 길게 뻗치지(꼬리).

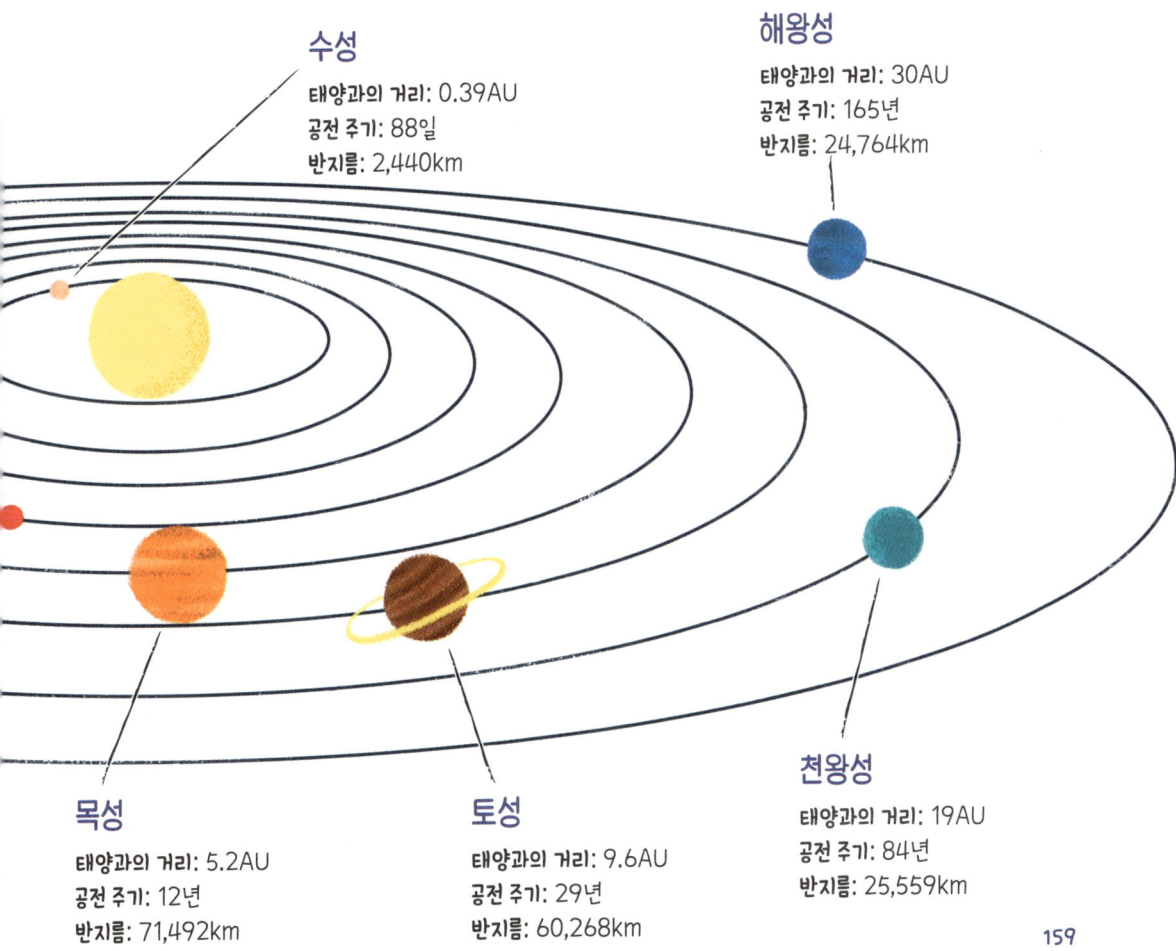

수성
태양과의 거리: 0.39AU
공전 주기: 88일
반지름: 2,440km

해왕성
태양과의 거리: 30AU
공전 주기: 165년
반지름: 24,764km

목성
태양과의 거리: 5.2AU
공전 주기: 12년
반지름: 71,492km

토성
태양과의 거리: 9.6AU
공전 주기: 29년
반지름: 60,268km

천왕성
태양과의 거리: 19AU
공전 주기: 84년
반지름: 25,559km

함께 해 보기
빙빙 돌려 보자

"왜 행성들이 공전해야만 태양으로 끌려오지 않는다는 거야?"
내가 언니한테 물었어.
"중력에 저항하려면 회전 운동을 해야 하니까. 실험을 하나 해 보자."
언니는 주머니에서 코르크 마개와 1미터짜리 줄을 꺼내고는, 코르크 마개를 줄에 묶어 나에게 돌려 보라고 했어. 난 줄 중간쯤을 잡고 코르크 마개가 원을 그리며 돌도록 공중에서 돌렸지. 그러다가 속도를 늦췄더니, 줄이 느슨해지면서 코르크 마개가 아래로 툭 떨어졌어. 반대로 다시 빠르게 돌리니까 줄이 팽팽해지고 마개도 떨어지지 않았어.
"이번엔 줄을 길게 잡고 돌려 봐."
언니 말대로 했더니 천천히 돌려도 코르크 마개가 떨어지지 않는 거 있지. 줄을 짧게 잡을수록 더 빨리 돌려야 했어.
태양계 행성들도 줄에 매단 코르크 마개처럼 움직여. 한 가지 다른 점은 행성들을 잡아당기는 게 줄이 아니라 중력이란 거지. 수성처럼 태양과 가까운 '내행성'들은 태양으로 끌려가지 않으려면 빠르게 공전해야 해. 해왕성처럼 멀리 있는 '외행성'들은 그보다 천천히 태양 주위를 돌아도 태양으로 끌려가지 않지만 말이야.

❗ 밀물과 썰물도 **중력**의 작용이야. 달의 중력이 지구의 물을 끌어당겨서 밀물과 썰물이 생기는 거지. 캐나다 펀디만은 밀물 때와 썰물 때의 물 높이가 13미터나 차이가 나는, 조수 간만의 차가 세계에서 가장 큰 곳이야.

배를 타거나
새의 머리 위에 앉거나
마차를 타고
거대한 등불처럼 빛나는 너,
천막에서
어두운 동굴에서
또는 깊은 바다 밑바닥에서
갖가지 모습으로 나타나는 너.

태양, 안녕.
오늘도 어김없이 떴구나!

너는 사스이자 토나티우이자 솔이며
아마테라스이며 이참나이며 헬리오스이며
아폴론.

세계 곳곳 신화들은 이렇게
너를 다른 이름으로 불렀지.

지금 너는
별이며 빛나는 기체이며
수소와 산소와 끌어당기는 중력.

너를 알면 알수록 네 왕관은
더욱 밝게 빛나지.

하늘의 주인, 태양

따스한 낮에는 태양의 강력한 힘을 느낄 수 있어. 햇빛 덕분에 식물은 광합성하며 자라는 데 필요한 영양분과 산소를 만들어. 태양은 지구에서 가장 가까운 별이자 우리의 소중한 에너지원이야.

태양이 내뿜는 에너지는 물질이 빽빽하게 모인 엄청나게 뜨거운 태양 중심부의 핵융합으로 만들어져. 핵융합으로 발생한 어마어마한 에너지는 빛과 중성미자를 포함한 입자들로 방출되지.

태양 표면은 '흑점'으로 덮여 있어. 흑점은 다른 곳보다 온도가 낮은 구역이야. 또 태양 표면에서는 격렬한 폭발이 일어나는데, 이때 방출되는 에너지는 원자 폭탄 10억 개와 맞먹는대.

중성미자의 여행

1초마다 중성미자 수십억 개가 우리 몸을 통과한다는 거 알고 있니? 중성미자는 검출하기가 매우 어려워. 더 작은 입자로 나눌 수 없을 정도로 작은 '기본 입자' 중 하나거든.

태양을 떠난 중성미자는 우주 공간을 가로질러 대기를 통과한 다음, 거의 빛의 속도로 지구의 산과 바다를 통과해 지구 핵에 인사를 건네고는, 다시 반대쪽으로 빠져나와서 우주여행을 계속하지.

➡ **핵융합**이 뭐였더라? 100쪽을 다시 읽으면 기억이 살아날 거야.

태양 한 바퀴

지구가 정해진 궤도를 따라 태양 주위를 한 바퀴 공전하는 데 365일하고도 6시간이 걸려. 이 6시간이 4년마다 달력에 하루가 더 들어가는 이유야. 2월 29일 말이야. 그런 해를 '윤년'이라고 불러.

지구는 태양 둘레를 공전하는 동시에, 24시간마다 자전축을 중심으로 한 바퀴씩 돌고 있어. 지구가 자전할 때 태양을 바라보는 쪽은 낮, 반대쪽은 밤이 되는 거야. 지구의 자전축은 북극점과 남극점을 잇는 직선이야. 그런데 지구 자전축은 똑바로 서 있지 않고 23.5도 정도 기울어져 있어. 그 때문에 지구에 계절이 생기지. 자전축이 태양 쪽으로 기울어져 있을 때가 여름이고, 반대쪽으로 기울어져 있을 때는 겨울이야.

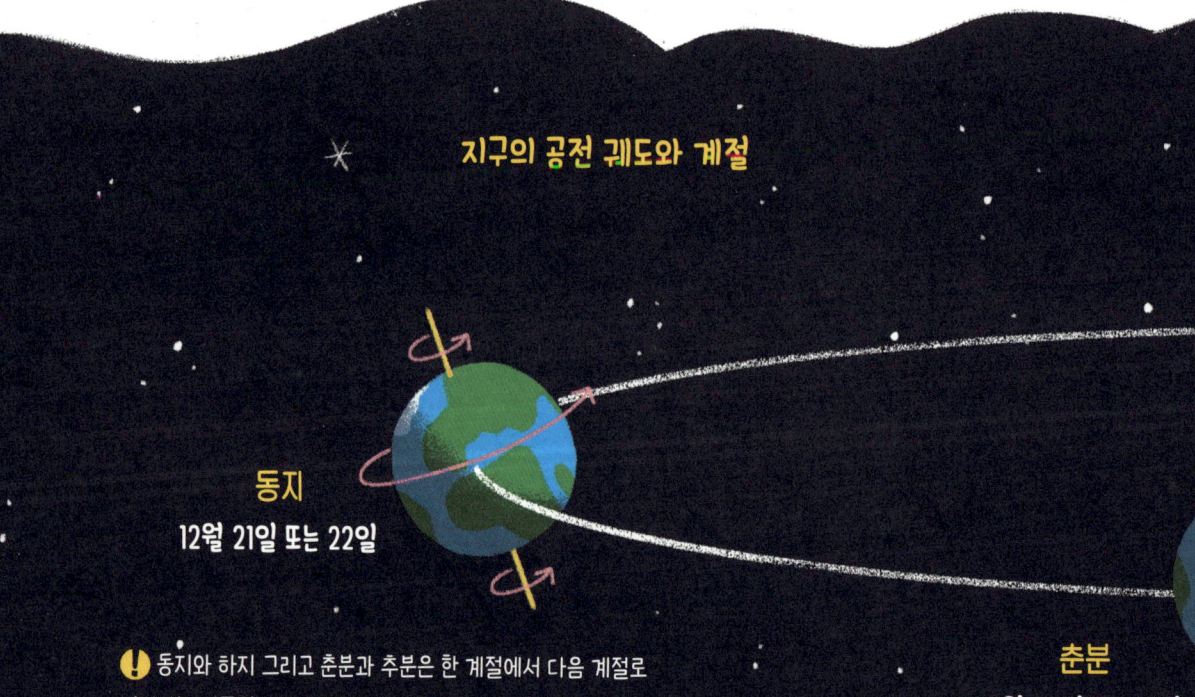

지구의 공전 궤도와 계절

동지
12월 21일 또는 22일

춘분
3월 20일 또는 21일

❗ 동지와 하지 그리고 춘분과 추분은 한 계절에서 다음 계절로 넘어가는 기준점이야. 하지에는 1년 중 낮이 가장 길고, 동지에는 가장 짧아. 춘분과 추분에는 낮과 밤의 길이가 같지.

지구를 둘로 나눈다고 생각해 봐. 적도를 기준으로 북쪽 반이 북반구고, 남쪽 반이 남반구 잖아. 네가 북반구에 산다면 크리스마스에 눈이 오고 추울 거야. 하지만 남반구에 살면 그렇지 않아. 호주에 사는 사람들은 크리스마스에 바다에 가서 헤엄칠 계획을 세운대!

❗ 천문학의 눈으로 보면, 계절은 춘분, 하지, 추분과 동지가 시작되는 시간에 정확하게 바뀌는데, 이 시간은 매년 6시간씩 늦어져. 이걸 그대로 달력에 적용하면, 해마다 각 절기의 날짜가 달라지겠지. 그래서 틀어진 시간을 다시 맞추기 위해서 4년마다 2월에 하루를 더 넣는 거야. 이렇게 시간을 조정한 덕분에 해마다 네 절기는 언제나 비슷한 날짜에 찾아오지. 그러니까 계절이 언제 시작되는지 정확하게 알고 싶다면, 천체력을 찾아보면 돼.

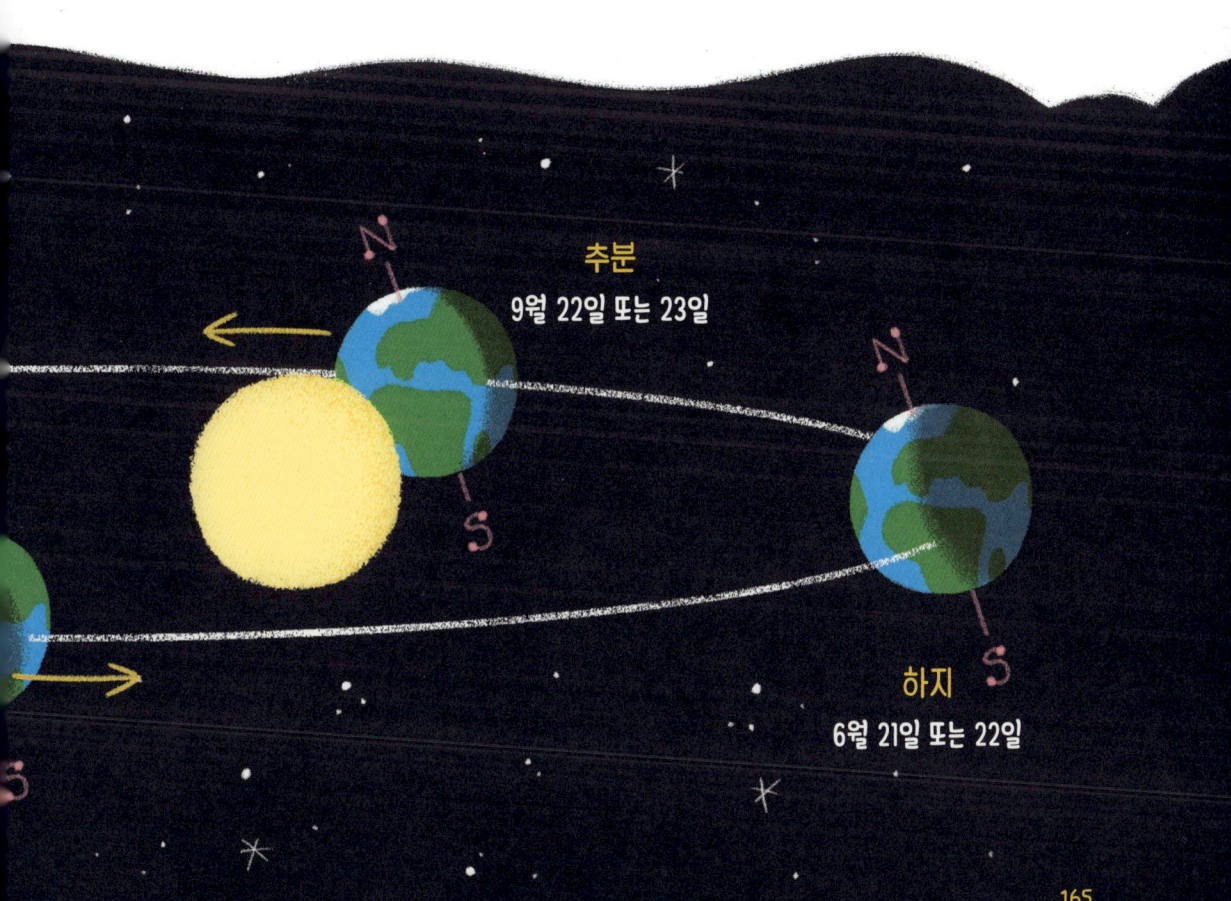

이야기
태양의 탄생

　아주 먼 옛날, 숲속에 폼 포카일라라는 할머니가 살고 있었어.
　어느 날 폼 포카일라가 식물 뿌리를 캐려고 평소처럼 땅을 팠더니, 그 속에서 튼튼하고 머리가 긴 남자아이가 나타났지 뭐야! 바로 그 순간, 하늘에서 천둥이 울려 툴추헤리스의 탄생을 알렸어.
　폼 포카일라가 동쪽을 가리키며 툴추헤리스에게 말했어.
　"저쪽에 크고 힘이 아주 센 사스가 산단다. 이 세상에서 영원한 불을 가진 건 사스뿐이야. 오래전에 내 가족들이 빛과 온기를 구하려고 동쪽으로 갔지만, 아무도 돌아오지 못했지."
　이야기를 들은 툴추헤리스는 여우 꼬리로 머리에 쓸 머리띠를 만들었어. 또 흰 수정을 모아서 머리띠를 하나 더 만들었지. 그런 다음 영원한 불을 찾으러 길을 떠났어.
　며칠의 여정 끝에, 툴추헤리스는 사스가 사는 집에 도착했어. 꽃들이 활짝 피어 있는 마당에 키가 크고 잘 휘는 나무가 한 그루 서 있는 곳이었어.

"위대하고 힘센 사스여, 내가 도전하러 왔습니다!"

툴추헤리스가 쩌렁쩌렁하게 소리쳤어.

우렁찬 목소리를 듣고 겁을 먹은 사스는 달아나려고 재빨리 마당의 나무 위로 올라갔어. 사스가 나무 꼭대기까지 오른 순간, 툴추헤리스가 나무를 잡아당겼다가 탁 놓았지. 그랬더니 사스는 둘로 갈라져 하늘 높이 날아갔어. 툴추헤리스는 여우 꼬리 머리띠와 흰 수정 머리띠를 하늘에 있는 사스에게 던지며 자신만만하게 소리쳤어.

"위대하고 힘센 사스여, 이제 당신은 둘로 나뉘었습니다. 큰 부분은 태양이니 날마다 영원한 불로 뜨겁게 달구시오. 여우의 붉은 털이 아침마다 해가 동쪽에서 떠올라 여행을 시작한다고 알릴 것이오. 서쪽에 다다르면 잠시 쉬시오. 작은 부분은 달이 되어 흰 수정 빛으로 밤하늘을 밝히시오. 사람들이 당신의 빛과 온기 그리고 반짝이는 아름다움에 기뻐할 거요. 당신은 땅에서 벌어지는 일을 모두 볼 수는 있지만, 영원히 하늘에서 홀로 지내게 될 거요!"

작고 단단한 지구형 행성들

수성, 금성, 지구, 화성을 내행성이라고 불러. 태양계 중심에 가깝기 때문이지. 다른 말로는 '암석형 행성' 또는 '지구형 행성'이라고도 하는데, 덩치가 큰 기체 행성들과 달리, 표면이 단단하고 지구와 비슷하기 때문이야.

지구는 정말 독특한 행성이야. 아마도 태양계에서는 생명체가 사는 유일한 행성일 거야. 지구 표면의 71퍼센트는 물로 덮여 있어. 그것도 대부분은 그냥 물이 아닌 소금물이지. 지구 대기는 특히 우리한테 아주 소중해. 대기가 지구로 들어오는 해로운 방사선과 돌덩어리들로부터 우리를 보호해 주니까. 또 대기에 있는 산소 덕에 우리가 숨을 쉴 수도 있지.

수성

금성

지구

수성은 태양계에서 가장 작은 행성이야. 약한 중력이 기체 분자를 잡아 두지 못하기 때문에 수성에는 대기가 없어. 수성은 태양에 가장 가까운 행성이기도 해. 대기가 없는 데다가 태양과도 가까워서, 수성 표면은 낮에 430℃까지 데워졌다가, 밤에는 −170℃까지 차갑게 식어 버리지. 수성은 위성이 없이 혼자야.

위성이 없는 건 **금성**도 마찬가지야. 금성은 아주 밝게 빛나서 가끔 낮에도 볼 수 있어. 이산화 탄소와 황산 구름으로 이루어진 두꺼운 대기에 둘러싸여 있는데, 둘 다 사람한테 매우 해로운 물질이지. 금성의 표면 온도는 낮과 밤이 별로 다르지 않아.

SF 소설이나 영화를 좋아하는 사람들은 붉은 행성 **화성**에 외계 문명이 존재한다고 오랫동안 기대했어. 1965년, 처음으로 화성을 지나간 탐사선 마리너 4호가 생명체가 산다는 증거를 찾지는 못했지만 말이야. 그런데 그 이후에 과학자들이 바짝 말라 버린 화성에도 오래전에는 물이 존재했다는 증거를 발견했지. 2018년 7월에는 화성 남극의 빙원 아래에서 소금물 호수가 발견되기도 했어. 정말 추운 곳인데도 그 호수는 얼지 않고 액체 상태로 존재한대. 호수의 소금이 어는점을 낮춰서 추위에도 물이 얼지 않도록 해 준 거야.

❗ **화성인** 이야기가 처음 퍼진 건 번역 실수 때문이야. 1877년에 천문학자 조반니 스키아파렐리(1835~1910)가 화성에서 자연 수로를 발견했는데, 이 사실을 영어로 옮길 때 자연 수로를 '운하'라고 번역했지. 운하는 인공 수로를 뜻하니까, 사람들이 그걸 보고 누군가 화성에 수로를 건설했다고 생각한 거지. 정확한 용어를 쓰는 게 이렇게 중요하다고!

거대한 목성형 행성들

'목성형 행성'으로도 불리는 '거대 행성'들은 크게 두 종류로 나뉘어. '거대 가스 행성(목성과 토성)'은 대부분 수소와 헬륨으로 이루어져 있고, '거대 얼음 행성(천왕성과 해왕성)'은 물, 암모니아, 메테인으로 이루어져 있지.

지구

금성

수성

목성은 태양계에서 가장 크고, 금성 다음으로 밝은 행성이야. 목성에도 토성이나 천왕성 같은 고리가 있는데, 맑은 날 밤에는 맨눈으로도 볼 수 있어. 성능이 좋은 망원경으로 목성을 관찰하면 목성 표면에 여러 색깔로 이루어진 띠가 보일 거야. 이 띠들은 목성을 수평으로 둘러싼 구름 같은 건데, 시속 600킬로미터로 부는 강한 칼바람이 이 구름을 밀어내고 있대. 그렇게 폭풍이 일면서 목성 표면에 소용돌이무늬가 생겨. 그중 가장 커다란 '대적점'은 지름이 무려 16,500킬로미터야! 지구 지름이 12,742킬로미터니까 엄청나게 큰 거지. 대적점은 태양계에서 가장 큰 폭풍인데, 시작된 지 300년이 넘었대! 지구에서 가장 오랫동안 분 폭풍은 1994년에 31일간 유지된 사이클론인데, 비교도 안 되지?

해왕성

❗ 토성 고리는 크고 작은 얼음덩어리와 먼지로 이루어져 있어. 고리들의 폭은 100만 킬로미터나 되지만 두께는 10미터에서 100미터밖에 안 돼. 고리가 어떻게 생겼는지 정확하게는 모르지만, 과학자들에 따르면 3억 년 안에 고리들이 해체되어 토성 표면으로 우박처럼 떨어질 거래. 그러면 결국 토성은 고리가 없는 행성이 되겠지.

해왕성은 태양계의 여덟 번째 행성으로, 태양에서 아주 멀리 떨어져 있어. 대기는 언 상태의 물, 암모니아, 메테인으로 이루어져 있지. 해왕성이 푸른빛인 건 메테인 때문이야.

목성

천왕성

❗ 목성의 **위성**은 79개나 돼! 그중 몇 개는 지구에서 작은 망원경으로도 볼 수 있어. 갈릴레오 갈릴레이가 1610년에 4개를 발견했지.

화성

토성

고대부터 꽤 오랫동안, 사람들은 **토성**이 태양에서 가장 먼 행성이라고 생각했어. 토성은 아름다운 고리로 유명하지. 고리들이 햇빛을 반사해서 토성이 더 밝게 보인대.

천왕성은 비교적 최근에 발견한 행성이야. 하지만 처음부터 행성으로 인정받지는 못했어. 발견하고 몇 년 동안은 별로, 나중에는 혜성으로 여겨졌지.

18세기가 끝날 무렵, 과학자들이 천왕성 공전 궤도가 이상하다는 걸 발견했어. 알 수 없는 무언가의 중력에 영향을 받는 것 같았지. 과학자들은 아주 세밀한 계산 끝에 천왕성 근처에 뭔가 다른 행성이 있다고 예측했어. 그리고 19세기 중반에 예측한 궤도에서 해왕성을 발견한 거야!

지켜보고 있다!

지난 수백만 년 동안 여러 소행성이 지구에 충돌했어. 그중 두 개는 비교적 최근에 러시아에 떨어졌지. 1908년에 지름이 40미터인 소행성이 시베리아 숲을 강타했고, 2013년에는 지름 19미터짜리 소행성이 첼랴빈스크라는 도시에 떨어졌어. 미국 애리조나주에는 5만 년 전에 지름 45미터짜리 소행성이 충돌하면서 생긴 구덩이가 아직도 남아 있고 말이야.

오늘날에는 전 세계 여러 관측소에서 지름이 50미터가 넘는 모든 소행성을 항상 감시하고 있어. 언제 어떤 소행성이 지구 공전 궤도로 들어와 우리와 충돌할지 모르니까. 그중 태양과의 거리가 1.3AU보다 가까운 소행성들은 '근지구 천체'라고 부르는데, 혹시라도 커다란 소행성이 지구와 충돌하면 정말 위험할 거야.

근지구 천체와 멀어지는 방법

그래서 과학자들은 근지구 천체로부터 지구를 보호할 방법을 찾고 있어. 원자 폭탄을 사용하는 방법도 검토하고 있기는 하지만, 가장 좋은 방법은 폭탄을 사용하지 않고 소행성 궤도를 바꾸는 거야. 소행성 속도와 방향만 살짝 바꿔서 지구와 충돌할 가능성을 줄이는 거지. 원래 소행성과 혜성은 몇 년에서 몇백 년에 한 번씩 지구에 가까이 다가왔다가 멀어지기를 반복하거든.

❗ 지금까지 발견된 소행성은 백만 개가 넘는데, 그중 25,000개가 근지구 천체야. 근지구 천체 중 가장 큰 것은 지름이 32킬로미터인 1036 가니메드지.

❗ 소행성으로부터 지구를 지키는 아이디어 중에는 엄청나게 거대한 중력 견인 우주선을 소행성 가까이 보내는 방법도 있어. 우주선 중력이 충돌 가능성이 있는 소행성을 끌어당기기를 기대하는 거지. 그게 성공하면 소행성이 궤도를 바꾸어 지구에서 멀어질 테니까.

정확한 계산이 중요해

　소행성 99942 아포피스는 과학자들의 큰 관심을 불러일으켰어. 지구와 충돌할 가능성이 있기 때문이었지. 이 소행성은 2004년에 발견되었는데, 그로부터 9년 뒤인 2013년, 지구와 1억 4500만 킬로미터 떨어진 곳을 지나쳐 갔어. 그때 허셜 망원경으로 사진을 찍어 보니 소행성 지름이 약 325미터나 됐대.

　이 소행성은 2029년에 또 지구를 지나칠 예정이야. 그때는 지구에 38,000킬로미터까지 접근할 거고, 2036년에는 더 가까이 다가올 거야. 그나마 다행인 건, 처음 계산할 땐 37분의 1이었던 충돌 확률이, 아주 정확하게 다시 계산해 보니 11만분의 1로 떨어졌다는 거야.

❗ 공룡들에게 무슨 일이?

공룡은 정말로 소행성 충돌로 멸종했을까? 우리는 오랫동안 화산 활동이 공룡을 멸종으로 몰아넣었다고 믿었어. 하지만 6600만 년 전에 커다란 소행성이 멕시코에 충돌한 게 공룡의 멸종 원인이라는 증거가 점점 쌓이고 있어. 그때의 충격으로 생긴 게 칙술루브 크레이터야. 지름이 약 180킬로미터나 되는 커다란 구덩이지.

❗ 2019년 1월 1일, 우주 탐사선 뉴허라이즌스가 소행성 울티마 툴레에 가까이 다가갔어. 인간이 쏘아 올린 탐사선이 접촉한 천체로는 가장 멀리 떨어진 것이었지. 울티마 툴레라는 이름은 로마의 시인 베르길리우스(B.C. 70~B.C. 19)가 쓴 시에서 딴 거야. 베르길리우스가 한 시집에서 세상에서 가장 먼 땅을 그렇게 불렀거든. 이 소행성은 두 소행성이 붙어서 생긴 거라, 그 모양이 아령하고 비슷해.

그곳엔 비도 오지 않고, 바람도 불지 않아.
그래서 그때 찍힌 발자국들은
수백만 년이 지나도
하얀 먼지 위에 그대로 남아
영원히 사라지지 않지.

달, 너를 알수록
내 심장이 더 빨리 뛰어!

지구를 맴도는 달

우리를 꿈의 세계로 초대하는 건 별로 가득한 하늘만이 아니야. 멀지 않은 곳에서도 특별한 것을 찾을 수 있어. 우리가 매일 밤 보는 달은 지구의 유일한 자연 위성이야. 쉽게 구할 수 있는 단순한 쌍안경만으로도 달 표면을 뒤덮은 크레이터와 넓은 평원을 볼 수 있단다.

'동주기 자전'이라는 현상 때문에 달은 언제나 앞면만 보여 주지. 지구에서 보이지 않는 달의 뒷면은 오랫동안 베일에 싸여 있다가 1950년대에 처음으로 탐사됐어. 그렇지만 우린 아직 달에 대해 모르는 게 많아. 가장 큰 미스터리는 달이 '어떻게' 만들어졌냐는 거야.

➡ 182쪽에서 동주기 자전에 대해서 더 알려 줄게.

달은 어떻게 생겨났을까?

❗ 많은 과학자가 지지하는 이론은 달이 어린 지구와 테이아의 격렬한 충돌로 45억 년 전에 생겼다는 거야. 테이아는 암석으로 이루어진 천체였고, 크기는 화성과 비슷했을 거래.

보름달과 초승달

날마다 달을 관찰하다 보면 달의 모양이 계속 변하는 걸 눈치챌 거야. 어떤 때는 둥근 달이 다 보이고, 어떤 때는 달이 아예 사라진 것 같고, 눈썹 같은 달이 떴다가, 며칠 뒤에는 반원 모양 달이 뜨지.

이렇게 달 모양이 변하는 걸 '달의 위상 변화'라고 불러. 태양, 지구, 달이 움직여 세 천체의 위치가 자꾸 달라지는 게 위상 변화의 원인이야.

지구처럼 달도 스스로 빛을 내지 못해. 그래서 햇빛을 반사하는 부분만 밝게 보이지.

지구는 태양 둘레를 공전하면서 자전축을 중심으로 자전하고, 달도 지구를 따라다니면서 태양 둘레를 공전해. 그러면서 지구 둘레를 공전하고, 동시에 자전도 해. 그래서 달이 지구와 태양 사이에 놓일 수도 있고, 지구와 나란히 태양을 바라볼 수도 있고, 지구 뒤에 놓일 수도 있지.

지구 중심과 태양 중심을 연결하는 직선이 있다고 생각해 봐. 달이 이 직선 위에 있을 때는 세 천체가 한 줄로 늘어서는 거야. 그런 상태를 '합(合)'이라고 해. 달이 태양과 지구 사이에 있을 때, 지구에서는 햇빛을 받아 밝은 부분 대신 달의 그늘진 부분만 보이게 돼. 마치 달이 사라진 것처럼 말이야. 이때 달을 '삭(朔)'이라고 부르고, 달의 위상 변화가 시작되는 기준으로 삼고 있어.

하루가 지날 때마다 달은 이 직선에서 조금씩 멀리 떨어지고, 그에 따라서 달 모양이 조금씩 변해. 첫날에는 달이 아주 가느다란 '초승달' 모양으로 보이다가 초승달이 점점 두꺼워져 '상현달'로 변하지. 이렇게 달의 모양이 점점 커지는 걸 '달이 찬다'고 표현해.

달이 계속 움직여서 반 바퀴를 돌면 달과 태양 사이에 지구가 놓여. 그때는 달이 빛을 받는 부분이 전부 보이는, 꽉 찬 '보름달', 즉 '망(望)'이 돼.

그다음부터 달은 이지러지기 시작해. 밝은 부분이 점점 작아져서 '하현달'이 되었다가 다시 눈썹처럼 가느다랗게 바뀌는데, 이때 달을 '그믐달'이라고 해. 여기서도 점점 작아지다 마침내 전혀 보이지 않게 되면, 위상 변화가 다시 시작되는 거야.

우주가 벌이는 그림자놀이

　태양, 지구, 달이 정확하게 한 줄로 늘어설 때, 그러니까 세 천체가 합에 놓일 때, 하늘에서는 숨이 멎을 만한 장관이 펼쳐져. 그게 바로 '월식'과 '일식'이야.
　월식은 지구가 태양과 달 사이에 놓일 때 일어나. 지구 그림자가 달에 드리워 달이 보이지 않는 현상이지. 한편, 달이 태양과 지구 사이에 놓일 때는 달 그림자가 지구 표면의 일부를 가리고 지구에 도달하는 햇빛을 어둡게 만드는데, 이 현상이 바로 달이 태양을 가리는 일식이야.

⟳ 태양이 달보다 400배나 큰데, 어떻게 달이 태양을 완전히 가릴 수 있을까?
그건 두 천체의 겉보기 크기 때문이야. 달이 태양보다 훨씬 우리와 가까워서, 두 천체의 겉보기 크기가 거의 같거든. 더 자세한 이야기는 26쪽에 있어.

　달이 태양을 얼마나 가리느냐에 따라서 일식을 세 가지로 구분해. 달이 태양을 완전히 가리면 '개기 일식', 일부분만 가리며 지나가면 '부분 일식'이라고 하지.
　'금환 일식'은 조금 특별한 부분 일식이야. 달과 지구의 거리가 조금 더 멀어져서, 달의 겉보기 크기가 개기 일식 때보다 작으면 달이 태양을 완전히 가리지 못하겠지? 금환 일식이 절정에 이르러 달이 태양 안으로 완전히 들어가는 순간에는, 달이 가린 태양 표면 둘레로 환한 빛이 왕관처럼 아름답게 보여.

개기 일식
금환 일식
부분 일식

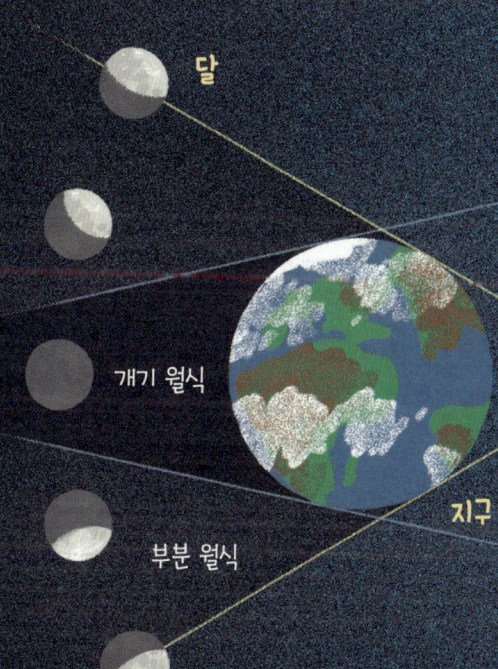
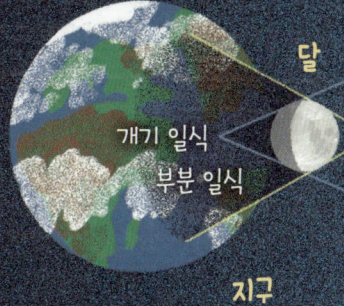

함께 해 보기
달의 위상 변화 기록하기

"지구는 태양을 돌고, 달은 지구를 돌잖아. 지구와 달이 어떤 방향으로 어떻게 도는지만 알면, 달 모양만 보고도 달의 위치를 알 수 있어.

눈을 크게 뜨고 하늘을 봐. 달 모양을 보고 오늘 밤에는 달이 지구를 도는 궤도의 어디쯤에 있는지 맞혀 봐."

나는 공책을 펼쳐서 조사를 시작하는 날짜를 적었어. 이제부터 날마다 날짜를 적고 그 옆에 달 모양을 그릴 거야. 언제까지 할 거냐고? 보름달을 두 번 볼 때까지. 그런 다음에 첫 번째로 보름달을 본 날짜와 두 번째로 보름달을 본 날짜를 비교해서 계산할 거야. 달의 위상 변화가 한 번 반복되는 데 며칠이나 걸리는지 조사하는 거지.

자, 우리가 배운 말로 해 볼까? 삭망월 연구를 시작하자!

동주기 자전

망원경으로 달 표면을 보는 건 진짜 흥분되는 일이야. 그런데 달을 자주 관찰하다 보면 우리가 보는 달의 얼굴이 항상 똑같다는 걸 알게 돼.

"그래도 지구는 돈다." 갈릴레오 갈릴레이가 이렇게 말했다잖아. 이 말은 달에도 그대로 적용할 수 있어. 달은 지구 둘레를 돌면서(공전), 동시에 팽이처럼 회전해(자전). 그런데 왜 우리는 늘 같은 쪽만 보는 걸까? 그건 중력 법칙과 관계가 있어.

공처럼 생긴 두 물체가 있어. 하나(지구)는 질량이 크고, 나머지 하나(달)는 질량이 작지. 물체의 질량이 클수록 그 물체의 중력, 즉 끌어당기는 힘도 크다는 거 이젠 잘 알지? 지구가 달보다 무거우니까 당연히 지구가 달을 끌어당기겠지. 두 물체 사이의 거리가 가까울수록 중력도 크게 작용하잖아. 쉽게 말하자면 지구 중력이 달의 한 부분, 즉 지구와 가까운 부분을 꽉 붙들고 잡아당기고 있는 거야. 사실은, 그 중력 때문에 달이 변형되어서 달은 완전히 동그란 모양이 아니야. 살짝 달걀 같은 모양이 됐지.

❶ 화성의 위성인 데이모스와 포보스도 달과 마찬가지로 **동주기 자전**을 해. 목성의 수많은 위성 중에도 일부(메티스, 아드라스테아, 아말테아, 테베, 이오, 유로파, 가니메데, 칼리스토 등)는 동주기 자전을 하고, 나머지는(히말리아와 엘라라 등) 그러지 않아.

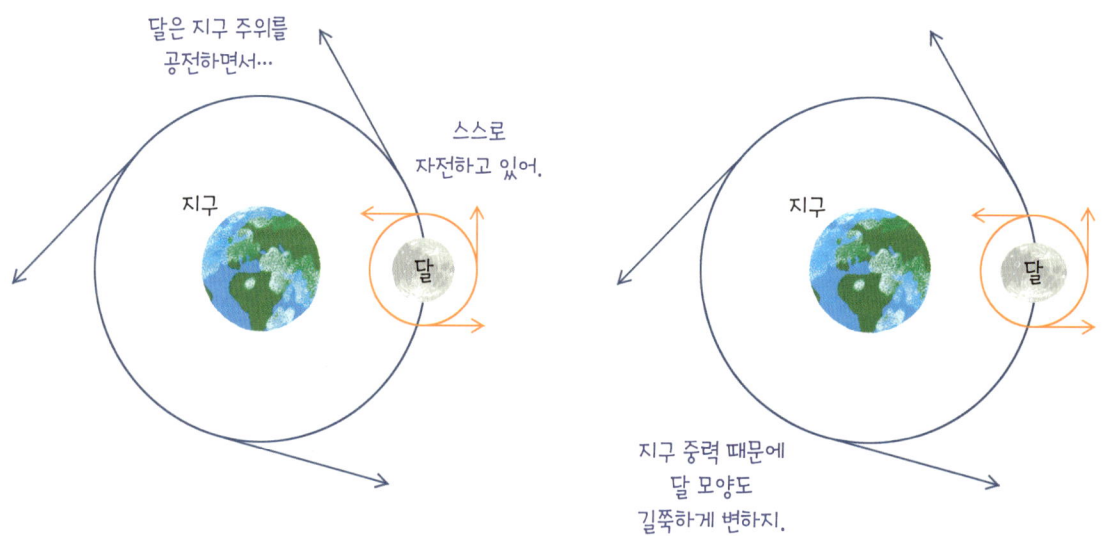

지금부터 달이 공전 궤도를 8분의 1쯤 돌았다고 생각해 봐. 지구 쪽으로 약간 튀어나온 부분에 지구 중력이 더 강하게 작용하겠지. 마치 지구가 달에 갈고리를 걸어 잡아당기는 것처럼 말이야. 달을 붙든 지구 중력 때문에 달의 자전 속도는 서서히 느려져. 그러다 결국은 달이 지구를 한 바퀴 공전하는 데 걸리는 시간과 달이 자전축을 중심으로 한 바퀴 자전하는 데 걸리는 시간이 같아지지. 그 결과로 달은 항상 같은 쪽을 지구로 향하게 되고, 지구에서는 늘 같은 면만 볼 수 있는 거야.

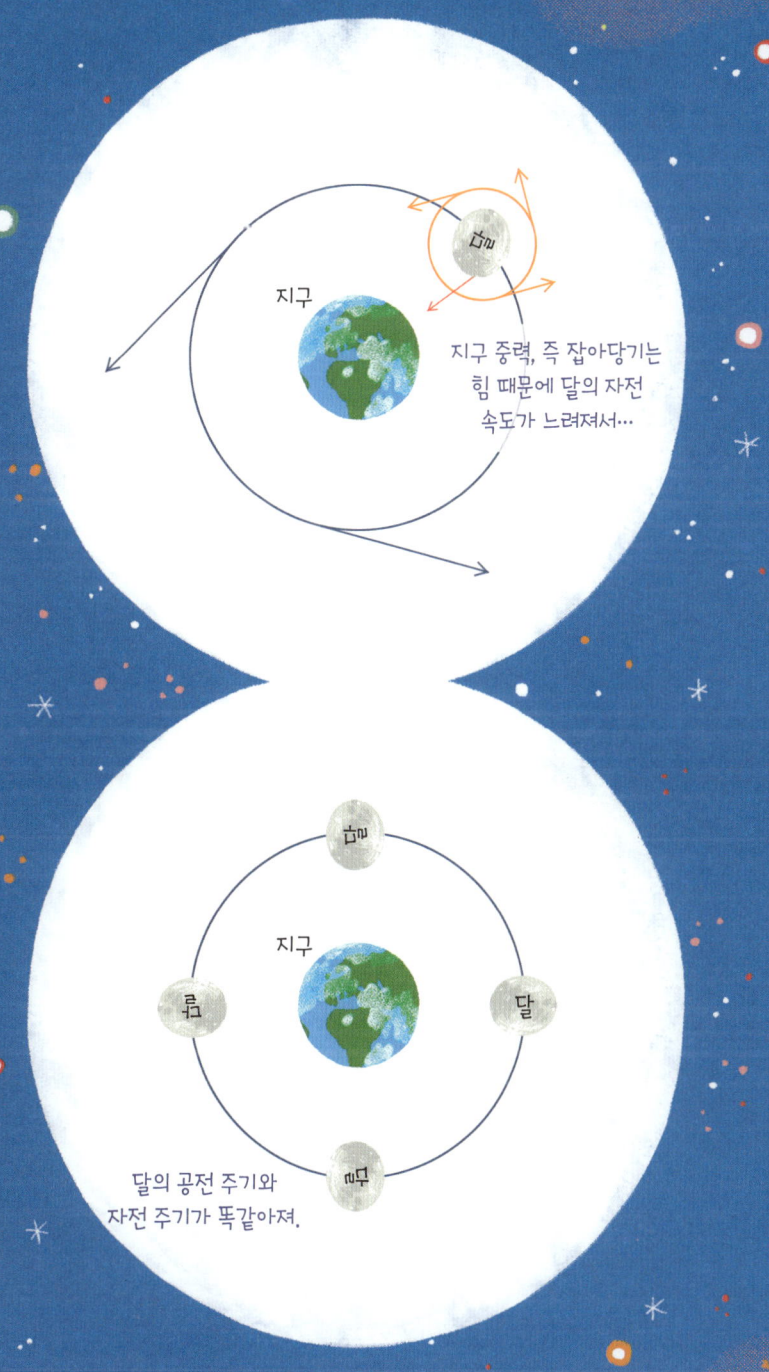

함께 해 보기
달처럼 빙글빙글

"동주기 자전을 더 잘 이해하게 해 줄 실험이 있어. 넌 지구야. 거기 서서 제자리에서만 돌아. 내가 달을 맡을게."

우리는 마주 본 자세로 실험을 시작했어. 언니는 스스로 돌지는 않고, 내 주위를 빙 돌기만 했어. 계속 한 방향만 바라보면서 말이야. 언니가 반의반 바퀴를 돌았을 때 보았더니, 옆얼굴이 보였어. 반 바퀴를 돌았을 때는 뒤통수가, 4분의 3을 돌았을 때는 반대쪽 옆얼굴이 보였고, 언니가 완전히 한 바퀴를 돌았을 때 다시 언니와 마주 서게 되었지.

언니가 물었어.

"내가 네 둘레를 도는 내내 우리가 서로 얼굴을 보려면 어떻게 해야 할까? 한 가지 방법밖에 없어. 내가 네 둘레를 한 바퀴 돌면서 동시에 팽이처럼 빙글빙글 한 바퀴 도는 거야. 공전 한 번에 자전도 한 바퀴 해야 한다는 뜻이지. 이게 바로 동주기 자전이야. 한번 해 볼까?"

언니와 나는 서로 얼굴을 마주하고 돌았어. 마치 춤추는 것 같았지.

"이번에는 내가 달 할래!"

달을 보는 것만큼 달이 되어 춤추는 것도 신나더라. 저 위에 뜬 달도 그렇겠지?

자연 위성과 인공위성

달은 지구 둘레를 공전하는 '자연 위성'이야. 과학자들은 자연 위성이 행성에서 떨어져 나온 파편이거나 지나가던 소행성이 행성 중력에 붙들린 거라고 추측하지. 다른 행성의 위성들을 '달'이라고 부르기도 하는데, 위성들이 달과 비슷해서 그런대.

태양계에는 자연 위성만 있는 게 아니야. 수많은 '인공위성'이 행성 주위를 돌고 있거든. 인공위성은 인간이 만들어 우주로 쏘아 올린 기계 장치를 말해. 과학 연구, 무기와 군대 감시, 기후 조사, 위치 안내 등 인공위성의 쓰임새는 아주 다양해.

지구 궤도를 처음으로 돈 인공위성은 '스푸트니크 1호'야. 전파 안테나가 4개 달린 84킬로그램짜리 금속 공에 불과한 이 인공위성이 우주여행 시대를 열었어. 이 인공위성은 우주 공간에 92시간 동안 머물다가 지구 대기로 다시 진입하면서 불타 버렸어. 스푸트니크 1호가 발사된 1957년은 지구 생명체가 우주여행을 시작한 해이기도 하니까 잘 기억해 둬!

스푸트니크 1호는 1957년 10월 4일에 소련의 바이코누르 우주 기지(지금은 카자흐스탄 땅이야.)에서 발사되었어. 스푸트니크는 러시아어로 '위성' 또는 '여행 동반자'라는 뜻이야.

스푸트니크 2호는 스푸트니크 1호보다 한 달 늦게 발사되었어. 처음으로 살아 있는 생명체를 태운 인공위성이었지. 라이카가 그 주인공이야.

지구 생명체의 첫 우주여행

처음으로 우주여행을 떠난 지구 생명체는 강아지 라이카야. 라이카는 1957년 11월 3일에 '스푸트니크 2호'를 타고 우주로 갔어. 하지만 다시 지구로 돌아오지는 못했지. 우주로 갔다가 지구 귀환까지 성공한 최초의 생명체는 또 다른 강아지인 벨카와 스트렐카야. 벨카와 스트렐카는 생쥐 40마리, 시궁쥐 2마리, 토끼 1마리와 식물들과 함께 지구 궤도를 18바퀴 돈 다음, 다시 지구에 착륙했어. 모두 살아서 말이야! 1960년 8월 19일에 시작된 이 임무가 성공적으로 막을 내린 덕분에, 사람을 우주로 보내려는 계획에도 큰 힘이 실렸지.

1961년, 러시아의 유리 알렉세예비치 가가린(1934~1968)이 '보스토크 1호'를 타고 인류 최초로 우주로 갔어. 우주로 간 첫 여성은 발렌티나 테레시코바(1937~)야. 1963년 6월 16일에 '보스토크 6호'와 함께 날아올랐지. 1969년 7월 20일에는 '아폴로 11호'를 탄 미국 우주인 닐 암스트롱(1930~2012)이 처음으로 달에 상륙했어. 그는 이런 말을 남겼지. "이것은 한 인간에게는 작은 발걸음이지만, 인류에게는 위대한 도약이다!"

닐 암스트롱과 버즈 올드린(1930~)이 달 착륙선 이글호를 타고 내려가 달을 거닐 때, 마이클 콜린스(1930~2021)는 아폴로 11호의 사령선인 컬럼비아호에 남아 있었어.

보스토크 1호를 타고 우주로 갔을 때 유리 가가린은 스물일곱 살에 불과했어. 인류 최초로 우주에서 지구를 내려다보고 이렇게 말했지. "난 지구를 보고 있습니다! 구름도 보입니다. 지구는 우러러볼 만큼 아름답습니다. 정말 아름다워요!"

우주에서 살며 일하기

국제 우주 정거장(International Sapce Station, ISS)은 우주에 떠 있는 실험실이야. 지금까지 인류가 우주로 쏘아 보낸 것 중에서 가장 큰 물체지. 미국과 독일, 러시아, 캐나다, 일본 등 15개 나라가 협력해서, 몇 년에 걸쳐 다양한 '모듈'을 조립해서 만들었어. 모듈은 커다란 장난감 블록이라고 생각하면 돼. 이곳의 거주 구역에는 침실이 여섯 개 있어. 우주인들은 6개월마다 교체되지. 국제 우주 정거장에 사는 우주인들은 우주 연구에 필요한 과학 실험을 해. 한국에서도 이소연 박사(1978~)가 한국 최초의 우주인으로서 2008년에 국제 우주 정거장에 가서 실험을 하고 돌아왔어.

국제 우주 정거장은 지상에서 400킬로미터 높이에서 지구 궤도를 돌아. 네가 사는 도시 위를 나는 중이라면 맨눈으로도 볼 수 있을걸! 유럽 우주 기구(European Space Agency, ESA)이나 미국 항공 우주국(National Aeronautics and Space Administration, NASA) 웹사이트에서 국제 우주 정거장이 지금 어디에 있는지 확인할 수 있어.

여성 우주인 사만타 크리스토포레티

별명이 '우주인 사만타'인 사만타 크리스토포레티(1977~)는 우주 비행이라는 꿈을 실현하기 위해서 이탈리아, 독일, 프랑스 그리고 러시아에서 공부했어. 대학에서 항공 우주 공학과 항공 공학으로 학사 학위를 받았지. 공부를 마친 다음에는 이탈리아 공군 사관 학교에 들어갔고, 미국에서 전투기 조종사 훈련을 받았어.

2009년에 드디어 유럽 우주 기구가 사만타를 우주인으로 선발했어. 8,400명이나 되는 지원자들 중 사만타가 뽑힌 거지. 이탈리아 여성으로는 처음이었어. 사만타는 2014년에 소유스 우주선을 타고 국제 우주 정거장에 가 그곳에서 199일 동안 머물렀어. 사만타는 국제 우주 정거장에서 미국 우주인 페기 윗슨 다음으로 오래 머문 사람으로 기록됐지.

사만타 크리스토포레티의 열정과 끈기는 금세 세상에 알려졌고, 사만타는 사람들이 본받고 싶은 인물로 손꼽히게 되었어. 그 인기가 어찌나 대단한지, 사만타의 이름을 붙인 '샘크리스토포레티'라는 소행성이 있는가 하면, 난초, 인형까지 있다니까!

❗ **소유스**는 우주인들이 국제 우주 정거장으로 가거나 지구로 돌아올 때 타는 우주선이야. 우주 택시라고나 할까?

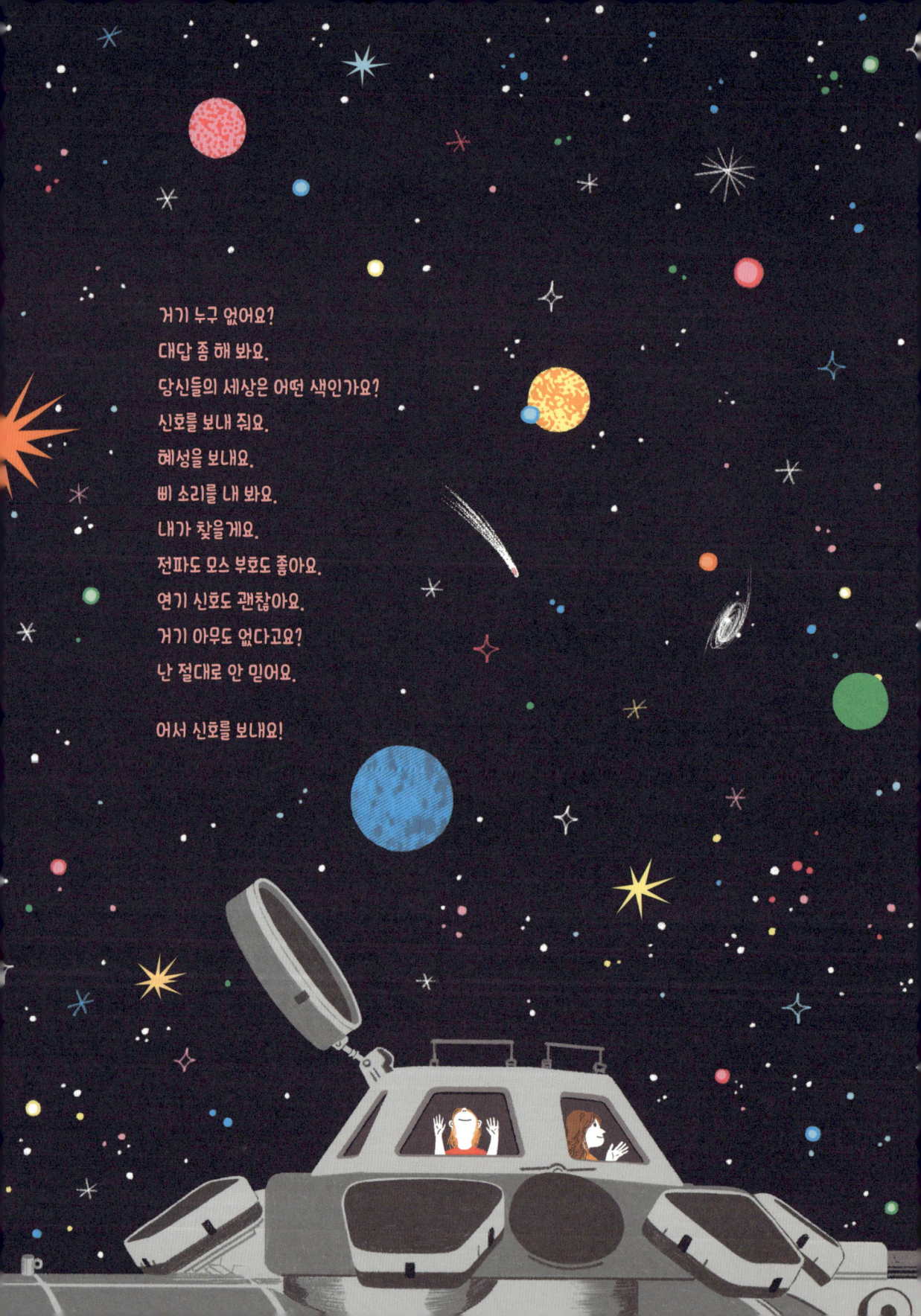

거기 누구 없어요?
대답 좀 해 봐요.
당신들의 세상은 어떤 색인가요?
신호를 보내 줘요.
혜성을 보내요.
삐 소리를 내 봐요.
내가 찾을게요.
전파도 모스 부호도 좋아요.
연기 신호도 괜찮아요.
거기 아무도 없다고요?
난 절대로 안 믿어요.

어서 신호를 보내요!

여덟 번째 이야기
외계 생명체를 찾아서

　지금에서야 하는 말이지만, 처음부터 머릿속에서 뱅뱅 맴도는 질문이 있었어. 하지만 입 밖에 꺼내진 않았어. 바보처럼 보이기는 싫었거든. 그런데 언니와 우주 이야기를 하다 보니, 별을 볼 때마다 외계 문명과 외계인이 떠오르는 거야. 결국 참지 못하고 언니에게 물었어.
　"저기 어딘가에 우리 말고 다른 생명체가 살지 않을까?"
　"다른 사람들도 오랫동안 그 질문을 해 왔어. 이 질문에 과학적으로 대답하려면 아주 길고 복잡한 과정이 필요해. 그렇지만 차근차근 짚어 가 보면 재미있을 거야.
　과학자들은 100년쯤 전부터 태양계 바깥에서 생명체가 살 수 있는 행성을 찾으려고 노력했어. 태양계 바깥의 '외계 행성' 중에서 말이야."
　"외계 행성? 외계인이 사는 행성이라는 건가?"
　"'외(外)'는 바깥, '계(界)'는 경계를 뜻해. 그러니까 외계는 경계 밖이라는 뜻이지. 외계 행성은 태양계 경계 바깥에 있는 행성이란 말이고. 자, 그럼 이제부터는 외계 행성 이야기를 해 볼까?"
　과학은 참 멋져! 어떤 질문을 하든 새로운 이야기가 펼쳐지잖아.

외계 행성을 찾아라

외계 행성을 찾는 데 가장 흔히 쓰이는 방법은 '통과 관측법'이야. 그림자놀이와 비슷해. 손전등을 벽에 비추면 벽에 빛 동그라미가 생기지? 이제 주먹 쥔 손을 손전등 앞에 대고 불빛을 조금 가려 봐. 벽에 비치는 빛이 좀 어두워질 거야. 우주에서도 같은 일이 일어나. 만약 네 주먹이 별 둘레를 도는 외계 행성이라면, 외계 행성이 별 앞을 지나갈 때 별빛이 살짝 어두워질 거야. 아마 이런 현상을 발견한 과학자들은 행복해서 이렇게 소리칠걸?

"광도가 떨어졌다! 별빛이 어두워졌어!"

"여러분, 우리가 외계 행성을 찾았어요! 야호!"

2022년 12월을 기준으로, 지금까지 찾아낸 외계 행성은 5,000개가 넘어. 지구보다 큰 것도 있고, 작은 것도 있지.

외계 행성을 하나씩 찾을 때마다 과학자들은 흥분해. 그만큼 외계 생명체를 찾을 희망도 커지니까. 그 희망으로 또 앞으로 나아가는 거야.

❗ 외계 행성을 찾는 우주 탐사

2009년 3월 7일, 미국 항공 우주국(NASA)이 성능이 매우 뛰어난 망원경을 우주로 발사했어. 케플러라는 이름이 붙은 이 망원경의 임무는 태양계 바깥에서 지구와 비슷한 행성을 찾는 거였지. 케플러 우주 망원경은 1,000킬로그램이 넘는 몸으로 약 10년 동안 태양 둘레를 돌면서, 우주의 한 구역만 계속 찍었어. 그리고 2018년 10월 30일에 오랜 임무를 마치고 작동을 멈췄어.

생명체란 무엇일까?

생명체의 특징 중 가장 중요한 단 한 가지가 뭔지 콕 집어 말하기는 아주 힘들어!

자라는 것? 종유석도 1년에 몇 밀리미터씩 자라. 하지만 종유석을 생명체로 분류하지는 않잖아.

그럼 움직이는 것? 미국 캘리포니아의 화이트 마운틴에는 5,000년을 산 브리슬콘 소나무가 있어. 그 나무는 이집트에 피라미드가 세워지기 전부터 그 자리에 가만히 서 있었을 거야. 1밀리미터짜리 씨앗일 때부터 말이지! 생명체라고 해서 다 움직이는 건 아니란 뜻이야.

그렇다면 번식을 하는 게 생명체일까? 암말과 수탕나귀 사이에서 태어나는 노새는 자라고, 움직이고, 초원을 뛰놀지만, 새끼를 낳지는 못해.

사실 과학자들 사이에서도 생명의 가장 중요한 특징이 무엇인지 일치된 의견이 없어.

지구에 사는 생명체가 무엇인지도 잘 모르는데 외계 생명체를 어떻게 찾지? 우선 지금은 다른 행성에 사는 생명체도 지구 생명체와 비슷하게 진화했을 거라고 가정하고 있지. 그래서 먼 우주에서 지구와 환경이 비슷한 행성을 찾는 거야.

물이 곧 생명이야!

지구 표면의 약 71퍼센트는 바다로 덮여 있어. 우리 몸도 반 이상이 물로 이루어져 있지. 나이 등 여러 조건에 따라 50퍼센트에서 75퍼센트까지, 그 비율은 저마다 다르지만 말이야.

물은 정말 흔히 볼 수 있지만, 지구에 사는 우리에게 주어진 가장 귀한 선물이야. (그러니 낭비하지 말자고!) 화분에 물을 주지 않으면, 그 안의 식물은 며칠 만에 말라서 죽고 말 거야. 우리 역시 마찬가지지. 모든 생명체는 물이 있어야 발달하고 성장할 수 있어. 그래서 우주에서 생명체를 찾으려면, 먼저 그 행성에 물이 충분히 있는지 확인하는 게 필수야.

물은 여러 상태로 존재해. 물을 냄비에 넣고 끓이면 점점 증발해서 수증기가 되고, 냉동실에 몇 시간 넣어 놓으면 꽁꽁 얼어서 얼음으로 변하지. 그렇지만 수증기나 얼음을 마시지는 못해. 생명체가 물을 섭취할 수 있으려면, 물이 오롯이 물이어야 한다는 거야. 물은 온도가 0℃보다 높고 100℃보다 낮은 환경에서만 액체 상태로 존재하는 특징이 있어. 그런데 별은 100℃보다 수천 배나 뜨겁지만, 별들 사이 우주 공간은 -270℃가 될 만큼 차갑지. 그만큼 액체 상태의 물이 존재하는 외계 행성을 찾는 게 힘들다는 뜻이기도 해.

지구 온도가 물이 액체 상태로 존재하기에 딱 알맞은 건 우리한테 정말 행운이야. 물론 겨울엔 얼음이 꽁꽁 얼지만!

골디락스 행성

외계 생명체가 살고 있을 가능성이 큰 별 주변 영역을 '골디락스 존'이라고 불러. 기후가 온화하고 물이 액체 상태로 존재할 수 있는 조건을 갖춘 지역이지. 이렇게 생명체에게 적합한 영역에 있는 행성은 '골디락스 행성'이라고 해.

이건 동화 '골디락스와 곰 세 마리'에서 따온 이름인데, 이 동화에서 골디락스는 우연히 곰 가족의 집에 들어갔다가 탁자 위의 죽 세 그릇을 발견해. 그중 한 그릇은 너무 뜨겁고, 한 그릇은 너무 차가웠어. 그런데 마지막 하나가 너무 뜨겁지도, 차갑지도 않은 딱 좋은 온도였지. 골디락스 행성도 마찬가지야. 너무 뜨겁지도, 너무 차갑지도 않은 행성. 목이 마를 때는 언제든 물 한 잔 마실 수 있을 만큼 기후가 온화한 행성을 말해. 지구가 바로 태양계의 골디락스 행성이야.

수성 금성 지구 화성

생명체 거주 불가능 영역
이곳은 평균 온도가 너무 높아서, 물이 수증기 상태로만 존재해.

생명체 거주 가능 영역
이곳은 평균 온도가 너무 높지도, 너무 낮지도 않아. 물은 액체 상태로 존재하지.

행성과 별이 딱 알맞은 거리만큼 떨어져 있어야 그 행성에서 생명체가 살아갈 수 있어. 태양계에서는 금성과 화성도 생명체 거주 가능 영역에 들어가긴 하지만, 생명체가 있는 곳은 지구뿐이지. 이런 차이가 생긴 건 지구 대기와 두 행성의 대기가 다르기 때문이야. 금성과 화성에도 대기가 있지만, 대기를 구성하는 물질이 생명체가 발생하기에 적합하지 않거든.

우주에서 생명체를 찾으려면
무엇을 먼저 찾아야 할까?
비로 내리든 강물이 되어 흐르든
물은 골디락스의 보물.
행성은
뜨겁지도 않고 차갑지도 않고
별과
가깝지도 않고 멀지도 않아야 하지.
지구처럼 사랑스러운 행성을 찾겠다고?
말처럼 쉽진 않을걸.

❗ 생명체라고 말할 수 있는 가장 작은 단위는 세포야. 우리도 세포로 이루어져 있지. 세포는 주로 물로 이루어져 있어서, 세포가 살려면 귀중한 물이 꼭 필요해.

목성　　　　토성　　　　천왕성　해왕성

생명체 거주 불가능 영역
이곳은 평균 온도가 너무 낮고,
물은 얼어붙어 있어.

199

아주 특별한 적색 왜성

이름이 전화번호처럼 긴 숫자로 이루어진 별들이 있어. 그 숫자에는 별의 위치에 대한 중요한 정보가 들어 있지.

트라피스트 우주 망원경이 적색 왜성 2MASS J23062928-0502285 주변에서 여러 외계 행성으로 이루어진 행성계를 발견했어. 이 발견 덕분에 2MASS J23062928-0502285는 '트라피스트-1'이란 별명을 얻게 됐어.

트라피스트-1은 지구와 가까워. 아, 물론 우주 전체로 따졌을 때 말이지. 지구에 사는 우리가 흔히 쓰는 거리로 따지면 엄청나게 멀단다.

지구와 가까운 것 말고도 이 별의 특별한 점이 또 있어. 온도가 태양보다 낮아서 밝기가 태양의 10분의 1밖에 안 되고, 붉은색 계열의 빛을 내뿜는 M8형 적색 왜성에, 아마 태양보다 10배는 오래 살 거라는 사실! 그런데 그보다 더 특별한 건, 이 행성계의 행성 7개 중 3개나 생명체 거주 가능 영역에 있다는 거야! 별에 가장 가까운 것에서부터 순서대로, 7개 행성에 트라피스트-1B, -1C, -1D, -1E, -1F, -1G, -1H라고 이름을 붙였어.

트라피스트-1C
별과의 거리: 0.015AU
공전 주기: 2.4일
반지름: 6,728km

트라피스트-1D
별과의 거리: 0.021AU
공전 주기: 4일
반지름: 4,918km

트라피스트-1
적색 왜성

트라피스트-1B
별과의 거리: 0.011AU
공전 주기: 1.5일
반지름: 6,919km

⚠️ 네가 열 살에 지구를 떠나
트라피스트-1까지 빛의 속도로 날아간다면,
도착해서 50번째 생일 파티를 하게 될걸!

트라피스트-1H
별과의 거리: 0.062AU
공전 주기: 약 20일
반지름: 4,791km

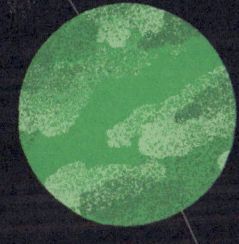

트라피스트-1G
별과의 거리: 0.045AU
공전 주기: 12.4일
반지름: 7,180km

트라피스트-1F
별과의 거리: 0.037AU
공전 주기: 9.2일
반지름: 6,658km

트라피스트-1E
별과의 거리: 0.028AU
공전 주기: 6.1일
반지름: 5,849km

지구 vs 트라피스트-1 행성들

트라피스트-1 둘레를 공전하는 행성들은 크기가 지구와 비슷하지만,
행성계 중심인 별과의 거리는 훨씬 가깝지. 트라피스트-1과 이 행성계 가장
바깥에 있는 행성 사이의 거리보다, 태양과 지구 사이의 거리가 17배쯤 더 멀어.
지구는 태양으로부터 1AU(약 1억 5000만 킬로미터) 떨어져 있고,
공전 주기는 365일에, 반지름은 6,371킬로미터야.

➡️ 트라피스트-1 행성계와 우리 태양계를 자세히
비교하려면, 158쪽과 여길 번갈아 읽어 봐.

중력에 붙잡힌 행성

골디락스 행성인 트라피스트-1E는 '엑소피'라는 별명이 있어. 엑소피는 질량과 크기가 지구와 매우 비슷해. 엑소피가 공전하는 별 트라피스트-1은 태양에 비하면 훨씬 차갑지만, 별과의 거리가 가까워서 기후가 온화하고 물이 액체 상태로 존재할 수 있을지도 몰라. 하지만 가까운 만큼 트라피스트-1의 중력이 강하게 작용하고, 그래서 동주기 자전을 하게 됐어. 언제나 한쪽 면만 별을 향하고 있는 거야. 엑소피의 반은 언제나 여름낮이고, 나머지 반은 늘 겨울밤인데, 이런 곳에서 생명체가 살 수 있을까? 아마 쉽지 않을 거야. 생명체에게 계절 변화가 얼마나 중요한지는 너도 잘 알잖아!

➡ 동주기 자전은 우리가 이미 배운 거야.
다시 공부하고 싶다면 182쪽을 읽어 봐.

이야기
페르세포네와 겨울

언니가 그러는데, 생명체들에게 물만큼 중요한 게 바로 빛과 어둠, 그러니까 낮과 밤이 바뀌고 따뜻함과 차가움이 바뀌는 거래. 그 두 가지를 바꾸는 건 계절이지. 계절 변화는 지구의 아주 귀중한 특징이야. 그래서인지 신화도 계절을 중요하게 다뤄. 고대 그리스 사람들은 언젠가 영원한 봄이나 겨울이 올지도 모른다고 상상했어. 페르세포네 신화에도 그런 내용이 나온단다.

아주 먼 옛날, 한 해 내내 봄이 이어지던 때가 있었어. 농사와 날씨를 다스리는 데메테르 여신 덕분이었지. 농부들은 과일과 채소와 곡식을 시도 때도 없이 풍성하게 거둬들였어.
　데메테르에게는 끔찍이 사랑하는 딸 페르세포네가 있었는데, 어느 날 페르세포네가 아무도 모르게 사라져 버렸어. 데메테르는 온 들판을 뛰어다니며 딸을 찾았지만, 어디에서도 페르세포네는 찾을 수 없었어. 마침 그곳을 지나던 태양신 헬리오스가 상심에 빠진 데메테르에게 이렇게 귀띔해 주었지. "저승의 신 하데스가 페르세포네를 납치해 갔소!"

데메테르는 즉시 저승으로 달려갔어. 데메테르가 딸을 돌려 달라고 했지만, 문제가 있었어. 페르세포네가 저승에서 석류 여섯 알을 먹었거든. 저승의 음식을 먹은 자는 저승에서 벗어날 수 없다는 말에 데메테르의 가슴이 무너져 내렸어. 하루하루 지날수록 딸을 다시 만날 희망도 희미해졌지. 데메테르에게 복종하는 자연도 함께 슬퍼했고, 그 바람에 날씨는 끝없이 차가워졌어. 얼음처럼 차가운 바람이 불자 나뭇잎은 노랗게 변해 땅바닥으로 떨어졌고, 농부들은 땅에서 아무것도 거둘 수 없었단다.

결국 신들의 어머니인 대지의 신 레아가 나서서 페르세포네가 한 해의 반은 데메테르와, 나머지 반은 하데스와 지내도록 했어. 이 결정으로 계절이 생기게 되었지. 페르세포네가 저승으로 내려가면 땅이 슬퍼져 가을과 겨울이 오고, 페르세포네가 다시 지상으로 돌아오면 자연이 다시 살아나 봄과 여름이 오게 된 거야.

햇빛과 잎의 색깔

태양은 빨간색부터 보라색까지, 우리가 볼 수 있는 파장의 빛을 내뿜어. 물론 파란색, 초록색, 노란색도 거기에 포함되고.

식물은 광합성으로 햇빛을 영양분으로 바꾸고, 그 영양분을 이용해 성장하고 번식해. 광합성은 잎사귀 속 색소인 엽록소가 햇빛을 흡수해 당과 산소로 바꾸는 과정이야. 이때 빨간색에서 주황색까지, 파란색부터 보라색까지의 파장은 흡수하고 초록색 파장은 반사하는데, 그래서 식물이 초록색으로 보이는 거야.

➡ 색깔과 빛의 파장의 관계를 더 알고 싶으면 64쪽을 읽어 봐.

홍색세균과 엽록소

그렇다면 태양이 아니라 트라피스트-1이 우리 태양계의 별이라면 어떤 일이 생길까?

트라피스트-1은 빛 대부분을 적외선으로 방출하는 적색 왜성이야. 적외선은 햇빛보다 에너지가 약하지. 적외선의 에너지로는 게으른 엽록소가 당을 생산하도록 자극할 수 없어. 그렇다면 트라피스트-1의 빛을 받고 자랄 엑소피 식물은 어떤 색깔일까? 정확한 답을 알 수는 없어. 우리가 할 수 있는 건, 우리 행성에서라면 어떤 일이 벌어질지 예측해 본 다음에, 그 지식을 다른 세계에 적용해 보는 것뿐이야.

쉽게 떠올릴 수 있는 건 지구의 '홍색세균'이야. 홍색세균은 적외선으로 광합성을 하는 세균이지. 식물과 달리 광합성 과정에서 산소를 생산하지는 못하지만. 만약 엑소피에 사는 식물이 홍색세균처럼 활동한다면, 적색 왜성의 빛으로도 영양분을 만들 수 있을 거야. 그렇다면 그런 식물은 어떤 색깔일까? 아마 우리 눈엔 엑소피 식물들이 칙칙하고 검붉은색으로 보일 거야. 우리 눈에 들어오는 건 엑소피 식물이 반사한 적외선이 대부분일 텐데, 우리는 적외선을 볼 수 없으니까. 엑소피에서 반사되는 모든 빛을 눈으로 보려면 특수한 적외선 안경을 써야 해. 그러니까 엑소피의 환상적인 빨간 숲에서 산책하고 싶다면, 두 가지를 꼭 챙겨야겠지. 공기탱크와 선글라스. 아니, 선글라스가 아니라 적외선 안경이어야겠네!

외계 문명 탐사

이제 외계 생명체를 찾는 여행을 끝낼 때가 됐네.
 우리는 외계 행성을 어떻게 찾는지 알았고, 일부 외계 행성에는 생명체에게 가장 중요한 물질인 물이 존재할 수도 있다는 것도 알았지. 하지만 그런 행성에 사는 동물과 식물, 다른 생명체들이 어떤 모습일지는 몰라. 그들의 모습을 상상해 볼 뿐이야.
 우리 인간은 정말 호기심이 많아. 그러니까 외계 탐사를 멈추는 일은 없을 거야. 과학이 새로운 사실을 발견할 때마다 우리는 더 큰 질문을 하고, 깜짝 놀랄 만한 대답을 찾을 테니까. 우주가 팽창하는 것처럼, 우리의 이야기도 끝없이 커지겠지.

❗ 우주로 보내는 신호

우리가 우주로 처음 보낸 전파 신호는 아레시보 메시지야. 언젠가 외계 지적 생명체가 그 메시지에 응답하기를 기대하고 있지. 그런데 대체 외계인한테는 어떤 말을 해야 할까? 그리고 어떤 언어로 써야 하지? 아레시보 메시지를 쓴 프랭크 드레이크는 숫자를 선택했어. 그는 인간, 태양계에서 지구의 위치, 메시지를 보내는 아레시보 전파 망원경에 대한 정보를 숫자 코드로 만들었어. 이 메시지는 1974년 11월 6일에 우주로 전해졌어. 우리는 여전히 응답을 기다리는 중이야….

이봐요, 거기 누구 없어요?

천체 물리학자인 프랭크 드레이크(1930~2022)는 1960년에 외계 지적 생명체를 찾기 시작했어. 이 프로젝트를 흔히 '세티(SETI, Search for Extraterrestrial Intelligence)'라고 부르지. 이 프로젝트에는 어딘가 있을지도 모르는 외계 문명에 메시지를 보내는 일도 포함되었어. 여기에 100만 명이 넘게 참여했는데, 과학자뿐만 아니라 이 분야에 관심 있는 일반인들도 참여하고 있지.

이제 다시 한번 질문해 볼까? "이봐요, 거기 누구 없어요?" 어느 날 생명체가 거주하는 행성에서 이런 대답을 보내올지도 모르지. "네, 우리 여기 있어요! 이 넓은 우주에 지구인만 있다고 생각한 건 아니죠?" 그때가 오면 그들과 이야기를 나누어야 할 텐데, 어떤 방법으로 대화하지? 같이 상상해 보자.

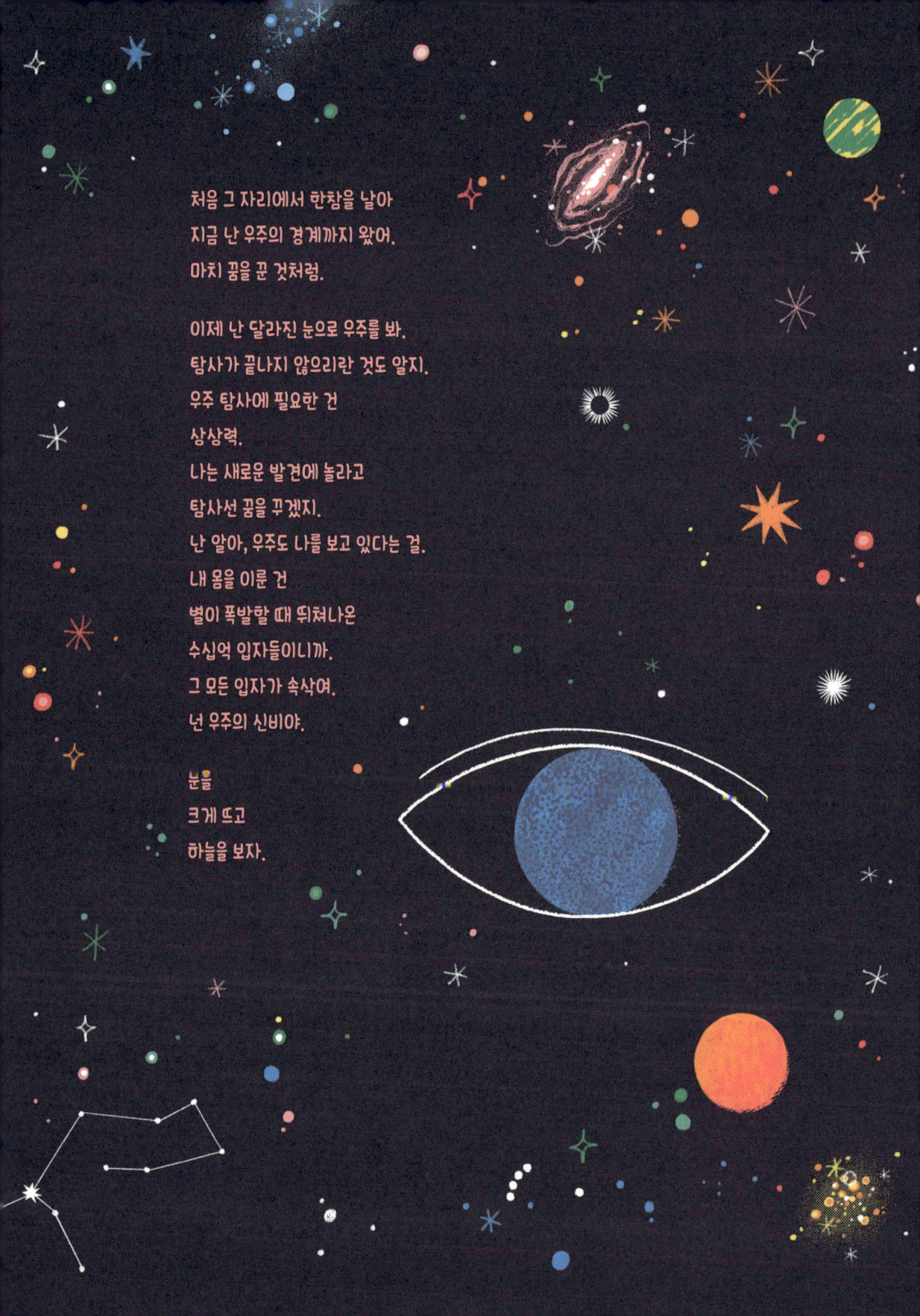

처음 그 자리에서 한참을 날아
지금 난 우주의 경계까지 왔어.
마치 꿈을 꾼 것처럼.

이제 난 달라진 눈으로 우주를 봐.
탐사가 끝나지 않으리란 것도 알지.
우주 탐사에 필요한 건
상상력.
나는 새로운 발견에 놀라고
탐사선 꿈을 꾸겠지.
난 알아, 우주도 나를 보고 있다는 걸.
내 몸을 이룬 건
별이 폭발할 때 튀쳐나온
수십억 입자들이니까.
그 모든 입자가 속삭여.
넌 우주의 신비야.

눈을
크게 뜨고
하늘을 보자.

용어 설명

가이아 우주 망원경 유럽 우주 기구(ESA)가 2013년에 발사한 우주 망원경. 2020년까지 총 34개월에 걸쳐 우리은하 천체들을 조사했는데, 그것을 바탕으로 만든 목록이 지금까지 나온 것 중에서는 가장 완벽하다.

거성 매우 밝고 지름이 매우 큰 별. 거성은 평균적으로 반지름이 태양의 10~100배, 밝기는 태양의 10~1000배인데, 이보다 더 밝으면 '초거성'이라고 부른다.

공전 행성, 별 또는 위성이 다른 천체 둘레를 도는 현상.

광년 빛이 1년 동안 이동하는 거리. 천체들 사이의 거리를 나타낼 때 사용하는 단위다. 1광년은 9,460,730,472,580.8킬로미터이다.

기본 입자 다른 입자들을 구성하는 가장 기본적인 입자. '소립자'라고도 한다.

대기 지구를 둘러싼, 기체로 이루어진 연약한 층.

도플러 효과 파동을 방출하는 물체와 관찰자의 거리에 따라 파장이 길어지고 짧아지는 물리 현상.

동주기 자전 천체가 자전하는 주기와 그 천체의 위성이 둘레를 공전하는 주기가 같은 현상. 지구의 위성인 달이 동주기 자전을 한다.

미국 항공 우주국(NASA) 미국 우주 개발 계획을 책임지는 기관.

백색 왜성 별 일생의 마지막 단계에 남은, 밀도가 아주 높은 중심 핵. 핵융합에 쓸 연료를 다 써 버린 상태. '갈색 왜성'과 헷갈리기 쉬우나, 갈색 왜성은 별이 아니다.

변광성 밝기가 변하는 별. 그중 밝기 변화가 주기적인 것은 '세페이드 변광성'이라고 불리며, 거리 측정의 도구로 널리 쓰인다.

별 핵융합을 하며 그때 발생한 에너지를 방출하여 밝게 빛나는 천체. '항성'이라고도 한다.

복사 물체로부터 열이나 전자기파, 즉 빛이 사방으로 방출되는 현상.

분자 여러 원자가 결합한 입자로, 특징한 성질을 가지는 물질의 기본 단위이다.

블랙홀 밀도가 매우 높고 질량이 큰 천체. 강한 중력 때문에 블랙홀에서는 빛조차 탈출할 수 없다.

빛 우주에서 가장 빠른 속도로 이동하는, 광자의 흐름으로 이루어진 전자기파 복사. 빛의 속도는 약 초속 30만 킬로미터이다. 천체 물리학에서는 빛을 구성하는 모든 파장을 포착하는 장비들로 우주를 연구한다.

생명체 거주 가능 영역 물이 액체 상태로 존재할 수 있는 별 주변의 영역. 생명체는 물이 액체로 존재하는 곳에서만 생겨날 수 있다고 추측된다. '골디락스 존'이라고도 부른다.

성간 물질 수소 원자나 각종 분자, 미세 먼지같이 별과 별 사이에 존재하는, 별이 아닌 여러 물질들. 성간 물질이 빽빽하게 모이면 수소 분자를 비롯한 다양한 분자가 형성되는데, 이것이 구름처럼 모인 걸 '분자 구름'이라고 한다. 분자 구름 중 특히 밀도가 높아 어둡게 보이는 것은 '암흑 성운'이다. 물질이 풍부한 암흑 성운 내부에서 별이 탄생한다.

속도 물체가 단위 시간(초, 시간 따위) 동안 움직인 거리.

스피처 우주 망원경 미국 항공 우주국(NASA)이 2003년 발사한 적외선 우주 망원경.

쌍성 두 개의 항성이 특정 기준점을 중심으로 공전하는 것.

아레시보 메시지 1974년 푸에르토리코의 아레시보에 있는 전파 망원경에서 우주로 보낸 전파 신호. 외계 문명이 이 메시지에 들어 있는 지구와 인간에 대한 정보를 해독하기를 기대하고 있다.

안드로메다은하 우리은하의 이웃 은하. 우리은하와 250만 광년 떨어져 있으며, 맨눈으로도 관측할 수 있다.

암흑 물질 아직 그 성질을 정확히 모르는 물질. 중력이 있어서 그 효과를 관찰할 수 있지만, 빛은 방출하지 않아 눈에 보이지 않는다. 우주를 구성하는 물질 대부분이 암흑 물질이다.

왜행성 태양계 안에서 태양 둘레를 공전하는 천체의 일종. 행성의 조건을 충족하지 않지만, 소행성보다는 행성에 가깝다. 2006년 명왕성이 행성에서 왜행성으로 분류되었다.

외계 행성 태양계 밖의 별 주위를 공전하는 행성.

우주 배경 복사 우주에 존재하는 복사로, 빅뱅이 일어난 직후에 생긴 빛이다.

원시별 분자 구름에서 생겨나는 별의 초기 단계. 원시별에서는 핵융합이 일어나지 않는다.

원자 물질을 이루는 가장 작은 기본 단위로, 핵(양성자와 중성자로 구성)과 그 주위를 도는 전자로 이루어져 있다. 가장 단순한 원자인 수소는 양성자 하나와 전자 하나로 구성되어 있다.

유럽 우주 기구(ESA) 유럽 22개 나라의 우주 계획을 지원하고 조정하는 단체. 본부는 파리에 있다.

유성 지구 대기권으로 진입하여 밝은 빛을 내며 떨어지는 천체. 유성이 다 타지 않고 지표면에 추락한 것을 '운석'이라고 부른다.

은하 수많은 별, 가스, 먼지가 중력으로 함께 모여 있는 거대한 구조. '은하핵', '은하 원반', '구상 성단', '헤일로' 등의 구조를 띤다.

은하수 우리가 사는 은하, 즉 '우리은하'의 다른 이름. 특히 지구에서 볼 수 있는 우리은하의 모습을 주로 일컫는 용어이다.

일 행성이 한 번 자전하는 데 걸리는 시간. 지구의 1일은 24시간이다.

자연 위성 별 이외의 천체(예를 들어, 행성) 둘레를 공전하는 천체.

자전 별, 행성 등의 천체가 자신의 축을 중심으로 회전하는 일.

적색 편이 빛을 내는 물체가 멀어짐에 따라 빛 파장이 길어져 붉게 보이는 현상. 반대로 빛 파장이 짧아져 푸르게 보이는 것은 '청색 편이'다.

절대 온도 별의 표면 온도를 나타낼 때 사용하는 온도 단위. 0K는 −273.15℃다.

중력 자연에 존재하는 네 가지 기본 힘 중 하나로, 두 물체 사이에 작용하는 끄는 힘을 가리킨다. 행성들이 별 주위를 공전하는 것은 별이 중력으로 잡아당기기 때문이다. 우리 발이 땅에서 떨어지지 않는 것도 중력의 작용이다.

중력파 알베르트 아인슈타인(1879~1955)이 일반 상대성 이론에서 제안한 개념. 그에 따르면, 질량이 있는 모든 물체는 시공간에 변형을 일으킨다. 연못에 돌을 던지면 물결이 일듯, 블랙홀처럼 거대한 질량을 지닌 두 천체가 충돌하면 시공간에 주름이 생기는데, 이 파동이 중력파이다.

중성미자 전기적으로 중성인 기본 입자. 다른 물질과 상호 작용을 거의 하지 않아서 관측하기 어렵다. '뉴트리노'라고도 부른다.

중성자별 부피는 작고 질량은 매우 큰 별. 중성자로 이루어져 있다. 무거운 별이 초신성 폭발을 일으킨 후 남은 핵이다. '펄서'는 매우 빨리 자전하며 주기적으로 전파를 방출하는 중성자별이다.

질량 물체의 특성으로, 그 물체를 이루고 있는 물질의 양을 말한다. 질량은 환경이 변해도 바뀌지 않지만, '무게'는 질량이 있는 물체가 받는 중력의 크기이므로 환경에 따라 변한다.

천구 지구에서 보이는 천체를 투영한 하늘을 표현한 무한한 가상의 구. 이를 둘로 나눈 '반구'에는 '북반구'와 '남반구'가 있다. 태양이 지나는 길을 천구에 표시한 것이 '황도'이다.

초신성 무거운 별이 폭발로 생을 마감할 때 관측되는 밝은 빛. 이 폭발로 흩어지는 물질은 '초신성 잔해'라고 한다.

탈출 속도 한 물체가 다른 물체의 중력에서 벗어나기 위하여 넘어서야 하는 속도.

태양 태양계의 중심이 되는 별.

태양계 태양 주위를 공전하는 모든 천체(행성, 소행성, 운석 등)의 집합. 지구는 태양계 행성 중 세 번째로 태양에 가깝다.

태양 질량 태양의 질량을 기준으로 한 단위. 천문학에서 쓰인다. 태양의 질량은 약 200양 킬로그램으로, 지구보다 33만 배나 무겁다.

트라피스트-1 태양에서 약 40광년 떨어진 적색 왜성. 트라피스트 망원경이 이 별을 공전하는 행성 7개를 발견했다. 그중 셋은 생명체 거주 가능 영역에 있다.

파장 파동의 골과 골 사이 또는 마루와 마루 사이의 거리. 빛은 여러 파장으로 이루어져 있으며, 인간은 그중 일부인 가시광선만 볼 수 있다. 파장에 따라서 빛의 색깔이 달라지는데, 인간이 보는 가장 짧은 파장은 보라색이며 가장 긴 파장은 빨간색이다.

플랑크 길이 물리학에서 측정할 수 있는 가장 짧은 길이.

필라멘트 지금까지 밝혀진 것 중 우주에서 가장 거대한 구조. 중력으로 묶인 은하들이 실 같은 형태로 모여 있는 것을 말한다.

핵융합 둘 이상의 원자핵이 서로 밀어내는 반발력을 극복하는 핵반응. 원자핵들이 결합하여 새로운 원자핵이 생긴다. 이때 발생하는 에너지로 별이 빛을 낸다.

행성 별 둘레를 공전하는 천체. 태양계에서는 태양 둘레를 공전하는 천체 중 공 모양이며, 공전 궤도에 있는 다른 물체를 깨끗이 치워 버릴 만큼의 중력을 가진 것만 행성으로 인정된다.

작가의 말

에드비제 페출리

난 폴란드 우치에서 태어났어요. 아버지는 이탈리아 칼라브리아 출신이고 어머니는 폴란드 사람이지요. 두 분은 내 자유와 호기심을 응원해 주었어요. 내가 태어나고 몇 달 뒤에 우리 가족은 로마 동쪽에 있는 마을로 이사했어요. 다양한 뿌리와 배경을 지닌 사람들이 더불어 사는 마을로요. 전 세계 곳곳에서 이민 와 다양한 문화를 지닌 친구들 덕분에, 난 나만의 세계에 갇히지 않을 수 있었지요. 그래서인지 난 늘 새로운 걸 배우고 싶어 했어요. 천체 물리학을 공부하면서 자연을 더 잘 이해하게 되었어요. 아주아주 작은 것부터 어마어마하게 큰 것까지 말이죠. 나는 우주에서 가장 이상한 걸 연구하고 싶어서 블랙홀을 전공했답니다. 나는 새롭게 발견한 사실을 주변 사람들에게 이야기하지 않고는 못 배기는 사람이에요. 과학자의 발견은 온 인류의 자산이고, 지식은 나누는 것이니까요.

마리아 오로피노

"행복을 가져오는 약 같은 건 없다. 삶 자체가 특권이다." 미국의 의사이자 코미디언인 패치 애덤스가 한 말입니다. 난 이 말에 늘 영감을 받아요. 카타니아에서 태어나 아프리카와 인도를 거쳐, 지금은 라스페치아에 사는 나는 병원에서 환자들을 위로하는 광대로 일했고, 가라테 검은 띠이며, 지역 카약 대회에서 우승했고, 알프스 빙하를 등반했어요. 피사에서는 이론 물리학을 공부하고 젊은 은하에서 초대질량 블랙홀이 형성되는 과정을 연구했지요. 그건 정말 많은 노력과 인내심이 필요한 일이었어요. 나를 사랑하는 사람들의 지원도 필요했고요. 하지만 나에게 가장 큰 힘이 된 것은 생명이 특별한 존재라는 깨달음이었어요. 우리는 모두 자신의 삶을 존중해야 해요. 패치 애덤스가 말한 것처럼 행복을 추구해야 하고요. 난 늘 이 목표를 가슴에 품고 고등학교에서 학생들을 가르친답니다.

라파엘라 슈나이더

난 로마의 라사피엔차 대학교에서 천체 물리학을 가르쳐요. 나는 늘 여러 가지에 관심이 많았어요. 대학에 입학할 때도 어느 것을 공부할까 결정하지 못하고 물리학과 예술사 사이에서 갈팡질팡했답니다. 다들 내가 좀 이상하다고 하지만, 나는 별이 가득한 하늘과 망원경으로 보는 믿기 어려운 광경이 자연의 황홀한 예술 작품이라고 생각해요. 대학에서 공부하는 동안에도, 천체 물리학의 여러 분야를 연구했어요. 우주 배경 복사, 중력파를 일으키는 천체, 첫 별들의 특징 같은 것들이요. 나는 주로 이론을 다뤄요. 직접 관측한 데이터와 비교할 모델을 만들죠. 성능이 뛰어난 다음 세대 망원경이 빅뱅 후 처음 나타난 별 사진을 찍으면 좋겠어요. 우주에 처음으로 빛을 내뿜은 그 별들이 우주의 역사를 시작했으니까요.

로사 발리안테

나는 로마 천문대에서 일하는 천체 물리학자예요. 멀리 떨어진 은하들과 그 안의 블랙홀을 연구하고 있지요. 은하와 블랙홀은 어떻게 생겨나고 어떻게 성장할까? 그것들을 더 잘 관측하고 더 잘 이해할 방법은 무엇일까? 이 질문들의 답을 찾고 있어요. 어렸을 때 은하수를 보고 감탄한 일이 있어요. 우리은하의 별들이 띠를 이룬 모습을 맨눈으로 보다니! 그때 머릿속에 수만 가지 질문이 떠올랐어요. 별은 얼마나 많을까? 어떻게 생겨난 거지? 저 별들 너머에는 뭐가 있을까? 은하수가 천문학에 대한 내 호기심을 자극한 거예요. 그때 생긴 열정은 여전히 내 가슴에 남아 우주를 연구하는 연료가 되어 줘요. 이 책을 쓰자는 아이디어를 처음 냈을 때 우리 모두 흥분했어요. 과학이 중요할 뿐만 아니라 재미도 있다는 걸 보여 주고 싶었거든요. 과학에는 우주의 아름다움과 광대함에 놀라 입을 다물지 못하게 하는 힘도 있으니까요.

시모나 갈레라니

우리 가족은 여름밤이면 테라스에 나와서 별자리를 찾고는 했어요. 아버지가 별자리를 찾으면, 어머니와 오빠가 그에 얽힌 신화를 들려주었지요. 별도 물론 아름답고 매력적이었지만, 내 마음을 홀딱 빼앗은 건 달이었어요! 난 달을 만지고 탐험하는 꿈을 꾸었어요. 달이 날 천문학으로 이끌었죠. 처음에 나는 달로 날아가는 우주 비행사가 되고 싶었어요. 그러다가 우주의 탄생과 성장에 더 큰 관심을 갖게 됐고요. "넌 이다음에 커서 뭐가 되고 싶니?" 누군가 물으면 난 늘 이렇게 대답했어요. "미친 과학자요." 나는 그 꿈을 실현하기 위해 물리학과 천체 물리학을 공부했어요. 이후에는 이탈리아와 외국에서 빅뱅 뒤 처음으로 생긴 은하와 블랙홀을 연구했고요. 지금은 피사에서 온 열정을 바쳐 우주 생물학과 실험 천체 물리학을 가르치고 있어요. 이 일이 내가 찾은 나만의 달이랍니다!

툴리아 스바라토

1997년에 헤일-밥 혜성이 몇 주 동안 하늘에서 찬란하게 빛났어요. 내 호기심을 늘 격려해 주셨던 부모님은 그때도 우리 집 마당에서 며칠이나 쌍안경으로 혜성을 관찰하도록 해 주셨죠. 내가 하늘을 더 보고 싶어 하자, 부모님이 작은 망원경을 선물해 주었어요. 그걸로 밤마다 달의 크레이터를 관찰하곤 했지요. 그 무렵에 천체 물리학자의 꿈이 생겼어요. 고등학교에 가서 세계와 문명에 대해 많은 것을 배웠어요. 옛날 과학자들은 커다란 망원경이나 컴퓨터도 없이 자연을 연구했다는 사실도 그때 알았어요! 나는 세계를 더 잘 이해하고 싶어서 물리학 학위를 땄어요. 하지만 내 관심은 늘 과거를 향했지요. 그래서 우주 탄생 초기에 생긴 거대한 블랙홀이 어떻게 물질을 흡수해 덩치와 무게를 키웠는지 연구했답니다. 나는 어렸을 때부터 내가 우주에 대해 알게 된 것을 주변 사람들에게 열정적으로 설명하곤 했어요. 장엄하게 빛나는 혜성을 처음 봤을 때 느꼈던 흥분을 여러분에게 고스란히 전하고 싶어요.

실비아 베키니
시인

내가 사는 곳은 트라시메노호 근처의 한적한 마을이에요. 인공 불빛으로부터 멀리 떨어진 곳이지요. 난 언제나 하늘을 보는 게 좋았어요. 어렸을 때부터 하늘에 뜬 달과 호수에 비친 달을 묘사하는 시를 쓰기도 했지요. 나를 하늘에 푹 빠지게 만든 건 가장 친한 친구였어요. 열 살 때였는데, 그 애가 몇 년 동안 용돈을 모아서 산 망원경으로 둘이서 자주 밤하늘을 관찰했지요. 그때 본 화성이 특히 기억에 남아요. 우리 둘은 너무 작고 우주는 무한하다는 걸 느꼈죠. 지금 나는 어린이와 청소년을 위해 시와 이야기를 써요. 하늘과 별들은 내 책에 단골로 등장하지요. 이 책에 넣을 시를 써 달라고 부탁받았을 때 무척 흥분했어요. 사실을 말하는 글과 시를 한 책에 넣는 것은, 언뜻 관계가 없어 보이는 두 세계가 만나는 거니까요. 두 종류의 글이 함께 숨은 비밀을 드러내고, 정확하게 해답을 보이고, 우주의 아름다움을 대면하는 놀라움을 표현하는 건 정말로 멋진 일이었어요.

알리체 베니에로
일러스트레이터

난 운이 좋았어요. 여름이면 모닥불을 피워 놓고 밤이 오기를 기다렸다가, 별들이 하늘에 나타나 온갖 동물과 낯선 물건으로 변하는 걸 지켜보며 자랐으니까요. 숲속 공터에서 하늘을 올려다보고 있으면, 달이 나무 위로 떠올라 산꼭대기를 지나가는 모습이 보였어요. 우리는 어두컴컴한 풍경을 바라보며 조용히 주변에서 들리는 소리를 듣곤 했지요. 이런 경험이 나를 그림의 길로 이끌어 줬기 때문에, 내 그림에는 자연이 곧잘 등장한답니다. 나는 날마다 실제 세계, 물리적 현상과 환경을 관찰하고 해석해서 그림으로 표현해요. 어릴 때부터 종이와 연필로 그런 작업을 했죠. 이 책의 글을 그림으로 표현하는 일은 매혹적인 경험이었고, 우주에 숨어 있는 시를 발견하는 여행이었어요. 그림은 우리가 아는 세계와 상상 속에만 존재하는 숨겨진 세계를 이어 주는 다리입니다.

신동경
번역가

춘천에서 태어나 서울대학교 독어교육과를 졸업하고, 한신대학교 신학대학원에서 공부했습니다. 오랫동안 어린이책 편집자로 일하며 과학 그림책과 자연 생태 그림책을 여러 권 만들었습니다. 그 덕에 과학의 매력에 푹 빠져 버렸지요. 지금은 작가이자 번역가로 활동하면서, 과학의 즐거움과 감동을 어린이들에게 전하고 있습니다.《공정 무역, 행복한 카카오 농장 이야기》,《물은 어디에서 왔을까?》,《단위가 사라졌다》 등을 쓰고,《이토록 불편한 고기》,《기후 변화가 내 탓이라고?》 등을 옮겼습니다.

윤성철
감수자

서울대학교 천문학과를 졸업하고 동 대학원에서 석사 학위를, 네덜란드 위트레흐트대학에서 항성 진화 이론으로 박사 학위를 받았고, 지금은 서울대학교 물리천문학부 교수로 학생들을 가르치고 있습니다. 별이 어떻게 살아가고 죽는지, 초신성이 어떻게 시작되는지, 초기 우주의 별은 어떤 모습인지 등을 연구하기 위해 매일 밤하늘을 바라봅니다. 학교 밖 사람들에게도 천문학을 통해 우리 자신과 우리가 사는 세상을 낯설게 볼 기회를 선물하고 싶습니다.《우리는 모두 별에서 왔다》,《단 하나의 이론》(공저) 등을 썼고, JTBC 〈차이나는 클라스〉, 팟캐스트 〈과학하고 앉아있네〉 등 각종 매체에서 우주와 인간을 주제로 강의하고 있습니다.

우주에 대해서 더 알고 싶다면

우주를 더 알아보고 싶다면, 내가 유용한 정보들을 알려 줄게.
별자리 지도와 직접 해 볼 수 있는 활동 자료들이 가득한
웹사이트와 스마트폰 앱이야.

웹사이트와 컴퓨터 프로그램

구글 어스 & 구글 스카이
한국천문연구원 천문학습관
한국항공우주연구원 학습 교재 자료실
NASA 국제 우주 정거장 트래커
NASA 외계 행성 기록 보관소
Seti@home
Stellarium

스마트폰 앱

ISS Live Now
Solar Walk Lite
Starwalk2
Stellarium Mobile

그리고…

우주를 네 손으로 직접 느껴 보고 싶다면,
근처의 우주 체험관이나 천문대를 방문하는 걸 추천할게!

오른쪽 QR코드를 스마트폰 카메라로 스캔해 봐.
위에 소개한 웹사이트와 앱의 설명과 함께,
네 주변을 아름다운 별빛으로 가득 채워 줄
다양한 장소들이 잔뜩 나타날 거야.

감수의 글

'우주'라는 말을 들을 때 가장 먼저 떠오르는 이미지는 무엇인가요? 아마도 허블 우주 망원경이나 제임스 웹 우주 망원경이 보내 준 아름다운 천체 사진일 것입니다. 그리고 누리호 같은 로켓이나 SF 영화에 나오는 각종 우주선이 생각나는 사람들도 있지 않을까 싶습니다.

우주 망원경과 로켓을 보며, 우주는 첨단 과학의 힘을 빌려야만 간신히 가늠해 볼 수 있는 곳이라는 생각을 하기 쉽습니다. 예쁜 천체 이미지가 주는 인상에는 경이감과 즐거움을 느낄지라도 우주는 여전히 너무나 광대하고 이해하기 어려운, 위압적이고 낯선 곳으로 남곤 하죠.

그러나 관점을 조금만 바꾸어 보면 알게 될 것입니다. 우주는 닿을 수 없는 신비나 우러러 봐야 하는 하늘이 아닌, 지금 우리가 숨 쉬면서 발 딛고 있는 바로 이 순간과 공간 그 자체라는 것을요. 더 나아가 생명도, 지구도 그리고 태양도 모두 우주이고, 여러분도, 저도 모두 우주입니다.

이 책의 주인공인 소녀는 우주 이야기가 결국 자기 자신에 관한 이야기임을 깨닫습니다. 그에게 우주 이야기를 해 주는 사람은 칼 세이건이나 알베르트 아인슈타인 같은 과학자 아저씨가 아니라 가장 친하게 지내는 언니입니다. 이 둘이 우주를 탐험하기 위해 필요했던 것은 로켓도, 우주 망원경도, 우주복도 아닙니다. 여러분 손에 들려 있는 스마트폰과 노트와 펜, 밤하늘을 바라볼 때 몸을 따뜻하게 지켜 줄 담요와 모자와 두꺼운 외투, 누구나 손쉽게 구할 수 있는 쌍안경 정도가 전부입니다. 그리고 마치 과거에 사람들이 은하수를 보며 견우와 직녀 이야기를 하였듯, 둘은 하늘의 별을 보며 별자리부터 시작해서 빅뱅, 은하, 초신성, 블랙홀, 외계 생명체에 이르기까지 끝없는 우주의 이야기를 정겹게 나눕니다.

제게 인상 깊었던 부분 중 하나는 우주를 체험하기 위해 자매가 하는 간단한 놀이입니다. 여러분도 어디서나 쉽게 따라 할 수 있습니다. 달이 항상 한 면을 향하여 지구를 공전하는 과정을 이해하고 싶다면 친구와 마주 서서 빙글빙글 춤을 춰 보세요. 간단한 블록 쌓기를 통해 빅뱅의 순간 생겨난 수소와 헬륨 원자들을 재현해 볼 수도 있습니다. 그중에서도 가장 멋졌던 것은 자매와 친구들이 모여 은하들이 중력에 의해 거대한 구조를 만드는 과정을 재현한 놀이입니다. 과학자들이 슈퍼컴퓨터를 이용해서 몇 달에 걸쳐 계산해야만 알아낼 수 있는 과정을 이렇게 간단한 놀이로 이해할 수 있다니! 학교의 전교생이 모여 이 놀이를 해 본다면 모두에게 잊지 못할 체험이 될 거라는 생각도 들었습니다.

이 책의 또 다른 매력으로 삽화를 빼놓을 수 없습니다. 과학을 친숙하게 표현하기 위한 일러스트레이션은 많이 있었지만, 이 책만큼 독특한 느낌을 주는 것은 보지 못한 듯합니다. 페이지를 넘길 때마다 새로운 그림이 불러일으키는 포근하고 서정적인 감정은 정말 즐거운 경험입니다.

아울러, 천문학의 전문적인 설명들이 막힘없이 자연스럽게 읽히는 번역은 한국어판을 더욱 빛내 줍니다. 출판사 측에서는 독자들이 우주를 더 깊이 체험할 수 있도록 다양한 인터넷 사이트와 스마트폰 앱을 소개하는 페이지도 마련하였고, QR코드를 통해 접속할 수 있도록 세심한 배려도 해 주었습니다.

《끝없는 우주 이야기》는 천문학자로서 어른과 어린이, 그 누구에게나 주저 없이 기쁜 마음으로 소개할 수 있는 책입니다. 이 책의 한국어 출판을 환영합니다.

윤성철 (서울대학교 물리천문학부 교수)

끝없는 우주 이야기
밤을 깨우는 신비로운 산책

초판 1쇄 발행 2023년 4월 13일
초판 4쇄 발행 2024년 7월 15일

글 에드비제 페출리 · 마리아 오로피노 · 라파엘라 슈나이더 · 로사 발리안테 · 시모나 갈레라니 · 툴리아 스바라토
시 실비아 베케니
그림 알리체 베니에로
번역 신동경
감수 윤성철

펴낸이 김영곤
융합1본부장 문영 **책임편집** 정유나 **융합1팀** 오경은 이해인 **디자인** 박숙희 **교정교열** 김은미
아동마케팅영업본부장 변유경 **아동영업팀** 강경남 김규희 최유성 **e-커머스팀** 장철용 전연우 황성진 양슬기
아동마케팅1팀 김영남 손용우 최윤아 송혜수 **아동마케팅2팀** 황혜선 이규림 이주은
해외기획실 최연순 소은선 **제작** 이영민 권경민

펴낸곳 (주)북이십일 아울북
출판등록 2000년 5월 6일 제406-2003-061호
주소 (우 10881) 경기도 파주시 문발동 회동길 201
대표전화 031-955-2100 **팩스** 031-955-2177
홈페이지 www.book21.com

ⓒ 에드비제 페출리 · 마리아 오로피노 · 라파엘라 슈나이더 · 로사 발리안테 · 시모나 갈레라니 · 툴리아 스바라토, 2019

ISBN 978-89-509-1091-4 73440

· 책값은 뒤표지에 있습니다.
· 이 책 내용의 일부 또는 전부를 재사용하려면 반드시 (주)북이십일의 동의를 얻어야 합니다.
· 잘못 만들어진 책은 구입하신 서점에서 교환해 드립니다.

· 제조사명: ㈜북이십일
· 주소 및 전화번호: 경기도 파주시 회동길 201(문발동) / 031-955-2100
· 제조연월: 2024.7.15.
· 제조국명: 대한민국
· 사용연령: 8세 이상 어린이 제품